本书由河北省知识产权培训基地建设项目建设经费资助出版

专利知识

孙英伟◎编著

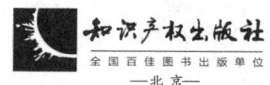

全国百佳图书出版单位

—北京—

图书在版编目（CIP）数据

专利知识一书通/孙英伟编著.—北京：知识产权出版社，2021.4（2021.11重印）
ISBN 978－7－5130－7453－7

Ⅰ.①专… Ⅱ.①孙… Ⅲ.①专利权法—中国—问题解答 Ⅳ.①D923.425

中国版本图书馆 CIP 数据核字（2021）第 050360 号

责任编辑：刘 睿 刘 江 责任校对：王 岩
封面设计：博华创意·张冀 责任印制：刘译文

专利知识一书通

Zhuanli Zhishi Yishutong

孙英伟 编著

出版发行：	知识产权出版社 有限责任公司	网 址：http://www.ipph.cn
社 址：	北京市海淀区气象路 50 号院	邮 编：100081
责编电话：	010－82000860 转 8344	责编邮箱：liujiang@cnipr.com
发行电话：	010－82000860 转 8101/8102	发行传真：010－82000893/82005070/82000270
印 刷：	三河市国英印务有限公司	经 销：各大网上书店、新华书店及相关专业书店
开 本：	880mm×1230mm 1/32	印 张：7.5
版 次：	2021 年 4 月第 1 版	印 次：2021 年 11 月第 2 次印刷
字 数：	155 千字	定 价：48.00 元
ISBN 978－7－5130－7453－7		

出版权专有 侵权必究
如有印装质量问题，本社负责调换。

目　录

第一章　专利基础知识 …………………………………… 1
第一节　知识产权、工业产权与专利、专利权 ……… 3
1. 什么是知识产权？…………………………………… 3
2. 什么是工业产权？与知识产权是什么关系？…… 3
3. 什么是专利？与知识产权、工业产权的关系是怎样的？…………………………………… 4
4. 专利制度的特征是什么？………………………… 5
5. 某一技术被授予专利权后，是不是可以在全世界得到保护？………………………… 6
6. 国际专利申请与国内专利申请有什么区别？…… 6
7. 一件发明创造如果被授予专利权，会永远得到保护吗？……………………………… 7
8. 我国一年的专利授权量有多少？………………… 7

第二节　专利制度的作用 ……………………………… 8
9. 专利制度的作用是什么？………………………… 8
10. 什么是专利的排他性？…………………………… 9
11. 为什么要申请专利？……………………………… 10

12. 专利在市场竞争中有什么作用? ……………… 10
13. 个人申请专利有什么意义? ………………… 12
14. 什么叫自主知识产权? ……………………… 13
15. 所有的发明创造都有必要申请专利吗? ……… 14

第三节 专利制度的历史 …………………………… 15

16. 世界上第一部专利法诞生在哪个国家? ……… 15
17. 中国何时开始有专利制度? ………………… 16
18. 专利制度在中国近代的发展过程是怎样的? … 16
19. 从新中国成立到第一部专利法颁布期间
    我国的专利制度是怎样的? ………………… 17
20. 中华人民共和国第一部专利法在哪一年
    颁布的? …………………………………… 17
21. 我国现行专利法是哪一年颁布的?
    自颁布后经过了几次修改? ………………… 18
22. 我国由什么部门负责专利工作?
    主要有哪些职能? …………………………… 19
23. 还有哪些与专利权相关的法律法规? ………… 21

第四节 专利权的种类 ……………………………… 22

24. 专利有几种类型? …………………………… 22
25. 什么是发明? ……………………………… 23
26. 产品发明与方法发明有什么区别? …………… 23
27. 什么是实用新型? 有什么特点? …………… 24
28. 发明专利和实用新型专利有什么异同? ……… 24
29. 什么是外观设计? …………………………… 25
30. 发明、实用新型和外观设计三者的

区别是什么？ ………………………………… 25
31. 什么是国防专利？与普通专利
有什么不同？ ……………………………… 27
第五节 专利权与相关权利的区分 ……………… 29
32. 什么是专有技术？和专利技术有什么不同？ … 29
33. 专利技术与高新技术是什么关系？ ………… 30
34. 专利权与商标权有什么不同？ ……………… 31
35. 外观设计专利权和版权保护的界限是什么？
二者发生交叉时如何选择？ ………………… 32
36. 发表论文和申请专利有冲突吗？ …………… 33

第二章 授予专利权的条件 ………………………… 35
第一节 授予专利权的积极条件 ………………… 37
37. 授予专利权的条件是什么？ ………………… 37
38. 发明专利授权的实质条件有哪些？ ………… 38
39. 实用新型专利授权的实质条件有哪些？ …… 38
40. 外观设计专利的授权条件有哪些？ ………… 39
41. 如何判断发明和实用新型专利申请的
新颖性？ ……………………………………… 40
42. 对申请日前公开的技术，有无不丧失
新颖性的例外？ ……………………………… 42
43. 如何判断发明和实用新型专利申请的
创造性？ ……………………………………… 44
44. 如何判断发明和实用新型专利申请的
实用性？ ……………………………………… 47

45. 两个或多个产品组合到一起能否申请
    专利？ ………………………………………… 48
46. 是否可以从别人的专利中摘取一两个
    技术要点申请专利？ …………………………… 49
47. 如果将已有技术用到其他技术领域能否
    申请专利？ ………………………………………… 50
48. 发现了已知产品的新用途能否申请专利？ …… 50
49. 产品的技术要素发生变更能否申请专利？ …… 51
50. 有了想法可以申请专利吗？还是一定要
    把产品生产出来才能申请专利？ ……………… 52

第二节 授予专利权的消极条件 ………………… 53
51. 根据我国《专利法》，哪些情形不能授予
    专利权？ ………………………………………… 53
52. 哪些发明创造不能授予实用新型专利权？ …… 57
53. 哪些设计不能授予外观设计专利权？ ………… 58
54. 能否将他人的作品、商标等用作产品的
    外观设计申请专利权？ ………………………… 59
55. 在我国，动植物新品种可否授予专利权？ …… 60
56. 集成电路布图设计能否申请专利？ …………… 61

第三节 专利权的主体 ……………………………… 61
57. 哪些人是发明人？ ……………………………… 61
58. 谁有权申请专利？专利权属于谁？ …………… 62
59. 专利申请权和专利权可以转让吗？
    怎样转让？ ……………………………………… 62
60. 发明人、设计人是否为专利权人？ …………… 63

61. 什么是职务发明创造? ………………………… 64
62. 职务发明创造的发明人、设计人有什么权利?
    如何奖励? ……………………………………… 64
63. 职务发明创造与非职务发明创造的
    区别是什么? …………………………………… 65
64. 外国人可以在中国申请专利吗?
    如果可以,如何申请? ………………………… 66
65. 港澳台地区的法人和居民如何在内地
    申请专利? ……………………………………… 67
66. 中国的申请人如何向外国申请专利? ………… 68

第三章 专利的申请 ………………………………… 69
第一节 专利申请相关问题 ………………… 71
67. 一项发明创造在申请专利前应考虑
    哪些问题? ……………………………………… 71
68. 专利申请前为什么要进行新颖性检索? ……… 72
69. 专利申请要遵循什么原则? …………………… 73
70. 不同申请人提出相同的专利申请,
    如何处理? ……………………………………… 74
71. 同一内容是否可以同时申请发明专利和
    实用新型专利? ………………………………… 74
72. 怎样判断两项或两项以上的发明或实用
    新型属于一个总的发明构思? ………………… 75
73. 什么是专利分案申请?分案申请的要求
    是什么? ………………………………………… 76

74. 如何进行分案申请? …………………………… 77
75. 什么是本国优先权与外国优先权? …………… 78
76. 什么样的发明创造可申请保密专利? ………… 79
77. 目前国内哪些地方设有专利代办处? ………… 79
78. 中国申请人向外国申请专利前需要
    注意什么? …………………………………… 80
79. 违反中国的法律,但不违反国外法律的
    发明创造,能否申请国外专利? …………… 81
80. 什么是专利族、同族专利和基本专利? ……… 81

第二节　专利申请文件 …………………………… 82
81. 申请发明专利需要提交什么文件? …………… 82
82. 申请实用新型专利需要提交什么文件? ……… 82
83. 申请外观设计专利需要提交什么文件? ……… 83
84. 专利请求书的填写有什么要求? ……………… 83
85. 什么是权利要求书? 有什么作用? …………… 85
86. 权利要求书包括的权利要求有哪些? ………… 85
87. 如何撰写权利要求书? ………………………… 86
88. 什么是专利产品的技术特征、必要技术
    特征、非必要技术特征? …………………… 88
89. 发明或者实用新型专利的说明书应包括
    哪些内容? …………………………………… 89
90. 如何撰写说明书? ……………………………… 90
91. 专利说明书和权利要求有什么关系? ………… 92
92. 如何撰写说明书摘要? 说明书附图
    有哪些要求? ………………………………… 93

93. 涉及新生物材料的专利申请在提交材料上有何不同? ………… 94
94. 如何办理新生物材料的保藏? ………… 95
95. 社会公众如何获得保藏的生物材料? ………… 95
96. 如何撰写外观设计简要说明? ………… 96
97. 外观设计专利对图片有什么要求? ………… 97
98. 提交申请时如何排列申请文件? ………… 98
99. 专利申请文件使用的表格从哪儿获取? ……… 99
100. 申请文件在文字和书写格式上有什么要求? ………… 99
101. 专利申请文件需要谁来签字或者盖章? …… 100
102. 提交申请文件需要注意的事项还有哪些? … 101

第三节 专利申请的提出和受理 ………… 102

103. 专利申请应当以什么形式提交? ………… 102
104. 什么是电子申请? ………… 102
105. 电子申请用户如何注册? ………… 103
106. 保密申请是否可以电子申请方式提交? …… 104
107. 国家知识产权局对收到的专利申请如何处理? 大约多久可以收到受理通知书? ………… 104
108. 申请人收到受理通知书后需要做什么? …… 105
109. 什么是专利申请日? 确定申请日有什么意义? ………… 105
110. 申请日是如何确定的? ………… 106
111. 申请日错误, 可以更正吗? ………… 107
112. 漏交说明书附图怎么办? ………… 107

113. 专利申请号的作用是什么？ ……………… 108
114. 专利申请号的组成与含义是什么？ ……… 108
115. 专利申请号是否就是专利号？ …………… 109
116. 什么是专利分类？专利分类有什么作用？ … 110
117. 如何进行专利申请权转让？ ……………… 110
118. 申请费什么时间缴纳？如何缴纳？ ……… 111
119. 专利费用可以减缓吗？办理减缓
  需要提交哪些材料？ ……………………… 112

第四章 专利申请的审查和批准 ……………… 113
第一节 发明专利申请的审查 ………………… 115
120. 发明专利审查的程序是怎样的？ ………… 115
121. 发明专利申请的初步审查阶段主要
  审查哪些内容？ …………………………… 116
122. 发明专利申请初步审查合格后会如何
  处理？ ……………………………………… 117
123. 什么是"早期公开，延迟审查"制度？ … 118
124. 什么情况下适于申请提前公开？
  如何提出？ ………………………………… 119
125. 实质审查的对象是什么？ ………………… 120
126. 怎样提出实质审查请求？提交实质审查
  请求需要提交哪些材料？ ………………… 121
127. 在实质审查过程中，什么情形下发明
  专利申请会被驳回？ ……………………… 122
128. 实用新型和外观设计专利的审查程序

是怎样的？……………………………… 123
129. 实用新型和外观设计专利的初步审查主要
审查哪些事项？……………………………… 124
130. 保密专利申请的审批程序是什么？………… 124
131. 专利申请提交后，能否进行修改或补正？
如何修改或补正？……………………………… 125
132. 如何答复国家知识产权局发出的各种
通知书？……………………………………… 126
133. 什么情况下需要同审查员进行会晤？……… 127
134. 哪些情况下专利申请人有必要主动
撤回专利申请？……………………………… 128

第二节　优先权和专利的优先审查 …………… 129
135. 为什么要申请本国优先权？………………… 129
136. 什么情况下可以要求本国优先权？………… 130
137. 什么情况下在先申请不能作为要求
本国优先权的基础？………………………… 131
138. 怎样办理要求优先权的手续？……………… 132
139. 利用本国优先权时应注意什么？…………… 133
140. 专利申请能加急吗？………………………… 133
141. 如何办理专利申请优先审查？……………… 134
142. 哪些专利申请可以请求优先审查？………… 134
143. 优先审查的专利申请多长时间结案？……… 135
144. 在什么情况下，专利申请的优先审查
程序会被停止？……………………………… 135

第三节　专利权的授予 ………………………… 136

145. 如何将授予专利权的决定通知申请人？ …… 136

146. 如何办理专利权的登记手续？ …… 137

147. 国家知识产权局发出授予专利权通知后申请人是不是就一定能够获得专利权？ …… 137

148. 专利权何时生效？ …… 138

149. 专利授权后，权利人能否主动申请放弃？用何种程序？ …… 139

150. 专利登记簿有什么法律效力？ …… 139

151. 如果需要专利登记簿副本，怎么办？ …… 140

152. 专利证书记载哪些事项？ …… 140

153. 专利证书可以更换或补发吗？ …… 141

154. 专利号的作用是什么？ …… 142

第五章 专利的行政复议、复审与无效 …… 143

第一节 专利的行政复议 …… 145

155. 什么是专利的行政复议程序？ …… 145

156. 对哪些具体行政行为不服可以申请行政复议？ …… 145

157. 对哪些事项不服也不能申请专利行政复议？ …… 146

158. 对驳回决定、复审决定、无效宣告请求审查决定不服可以申请行政复议吗？ …… 147

159. 针对同一具体行政行为不服可以同时提起行政复议和行政诉讼吗？ …… 147

160. 对行政复议决定不服还可以再提起行政

诉讼吗？ ………………………………………… 148

第二节 专利复审程序 …………………………… 148

161. 什么是复审程序？设立复审程序
有什么意义？ …………………………………… 148
162. 什么情况下可以提出复审请求？怎样提出
复审请求？ ……………………………………… 149
163. 哪些复审案件可以优先审查？什么情况下适用？
多长时间结案？ ………………………………… 150
164. 复审程序的流程是什么？ …………………… 150
165. 复审决定有哪些？ …………………………… 152
166. 申请人在哪里提交复审请求？ ……………… 153
167. 对驳回决定不服可以直接向人民
法院起诉吗？ …………………………………… 153
168. 对复审决定不服怎么办？ …………………… 153

第三节 专利无效程序 …………………………… 154

169. 什么是专利无效程序？可以针对哪些
专利提出无效宣告请求？ ……………………… 154
170. 专利无效程序的设置有什么价值？ ………… 154
171. 怎样提出无效宣告请求？需要提交
哪些文件？ ……………………………………… 155
172. 什么样的无效宣告请求国家知识产权局
不予受理？ ……………………………………… 156
173. 宣告专利权无效的理由是什么？ …………… 157
174. 无效宣告请求受理后发现新的无效理由
怎么办？ ………………………………………… 158

175. 无效宣告请求受理后还可以补充证据吗？⋯⋯ 158
176. 在专利无效程序中是否可以修改专利
    申请文件？⋯⋯⋯⋯⋯⋯⋯⋯⋯⋯⋯⋯⋯ 159
177. 在专利无效程序中专利权人需要做哪
    些工作？⋯⋯⋯⋯⋯⋯⋯⋯⋯⋯⋯⋯⋯⋯ 160
178. 专利无效程序中口头审理怎么进行？⋯⋯ 161
179. 专利无效程序进行过程中无效宣告
    请求人能否撤回其请求？⋯⋯⋯⋯⋯⋯⋯ 161
180. 哪些专利权无效宣告案件可以请求优先审查？
    多长时间结案？⋯⋯⋯⋯⋯⋯⋯⋯⋯⋯⋯ 162
181. 专利权被宣告无效的法律后果如何？⋯⋯ 162
182. 对国家知识产权局作出的无效宣告审查
    决定不服怎么办？⋯⋯⋯⋯⋯⋯⋯⋯⋯⋯ 163

第六章 专利权 ⋯⋯⋯⋯⋯⋯⋯⋯⋯⋯⋯⋯⋯⋯ 165

第一节 专利权人的权利 ⋯⋯⋯⋯⋯⋯⋯⋯⋯⋯ 167
183. 专利授权后，专利权人享有哪些权利？⋯ 167
184. 专利权是从申请日起开始保护吗？⋯⋯⋯ 168
185. 专利权人想要维持专利权，应该如何做？⋯ 169
186. 专利权终止的原因有哪些？⋯⋯⋯⋯⋯⋯ 169
187. 专利权（或申请权）在什么情况下
    可以恢复？⋯⋯⋯⋯⋯⋯⋯⋯⋯⋯⋯⋯⋯ 170

第二节 专利的实施与运用 ⋯⋯⋯⋯⋯⋯⋯⋯⋯ 171
188. 什么是专利实施？⋯⋯⋯⋯⋯⋯⋯⋯⋯⋯ 171
189. 广义专利实施许可的方式有几种？⋯⋯⋯ 172

190. 狭义专利实施许可有几种类型? …………… 173
191. 实施专利开放许可需要注意哪些问题? …… 174
192. 什么情况下可以对专利实施强制许可? …… 175
193. 专利实施强制许可的被许可人有哪些
　　 权利和义务? ………………………………… 176
194. 专利实施强制许可的程序有哪些? ………… 177

第三节　专利权的转移 ………………………… 178
195. 什么是专利权的转移? ……………………… 178
196. 什么是专利权转让? ………………………… 179
197. 专利权转让的流程是怎么样的? …………… 179
198. 以专利技术出资有什么要求吗? …………… 180
199. 什么是专利权质押? 专利权质押应
　　 具备哪些条件? ……………………………… 181
200. 专利权可以继承吗? ………………………… 182

第四节　专利权人的义务 ……………………… 182
201. 专利权人有哪些义务? ……………………… 182
202. 如何判断专利说明书是否充分公开? ……… 183
203. 什么是专利年费? 如何缴纳专利年费? …… 184

第七章　专利权的保护 ……………………………… 187
第一节　专利权的保护范围和保护期 ………… 189
204. 发明和实用新型专利权的保护范围
　　 如何确定? …………………………………… 189
205. 外观设计专利权的保护范围如何确定? …… 190
206. 专利权的保护期为多长时间? ……………… 190

207. 专利保护期能否调整和延长? …………… 191
第二节 专利侵权行为 ………………………………… 192
208. 什么是专利侵权行为? 专利侵权行为的构成要件是什么? …………………… 192
209. 什么是专利直接侵权行为? …………… 192
210. 什么是专利间接侵权行为? …………… 193
211. 专利间接侵权行为的构成要件是什么? …… 194
212. 假冒专利行为有哪些? ………………… 194
213. 什么是许诺销售? ……………………… 195
214. 什么是专利权的限制? ………………… 196
215. 什么情况下对他人专利的使用,法律不视为侵犯专利权的行为? ……… 196
216. 先用权的成立条件是什么? …………… 197
217. 发明和实用新型专利侵权判定的原则是什么? ……………………………… 198
218. 判定发明和实用新型专利侵权行为的步骤是怎样的? …………………… 199
219. 判断外观设计专利侵权时需要注意哪些方面? ……………………………… 200
第三节 专利纠纷的处理 ……………………………… 201
220. 专利被侵权后有哪些救济途径? ……… 201
221. 专利侵权的救济途径分别有什么优缺点? ……………………………… 202
222. 哪些主体有权提起专利侵权诉讼? …… 203
223. 专利侵权诉讼的举证责任如何分配? …… 203

224. 侵犯专利权要承担什么法律责任？………… 205
225. 使用侵犯外观设计专利权的产品为什么
    不构成侵权？………………………… 206
226. 关于专利侵权的诉讼时效是怎样规定的？… 207
227. 人民法院可以受理哪些专利纠纷？………… 208
228. 对侵犯专利权的案件应该由何地
    法院管辖？…………………………… 209
229. 管理专利工作的部门可以处理哪些
    类型的专利纠纷？…………………… 210
230. 管理专利工作的部门对专利纠纷的
    管辖权是如何划分的？……………… 211
231. 怎样计算专利侵权行为的损害赔偿数额？… 211
232. 专利侵权后是不是一定要承担赔偿责任？… 213
233. 专利权人怎样应对他人的侵权行为？……… 213
234. 被指控专利侵权时怎么办？………………… 215
235. 处理专利纠纷还有哪些需要注意的事项？… 216
236. 什么是专利权评价报告？有什么作用？…… 217
237. 专利申请提出后但未授权前，能否在产品
    包装上标注申请号并进行宣传？…………… 218

后　记 ………………………………………… 219

第一章　专利基础知识

第一节 知识产权、工业产权与专利、专利权

1. 什么是知识产权？

"知识产权"一词是从英语 intellect property（有时也称为 intellect property right）翻译而来，指智力成果权。当前的通说认为，知识产权是基于创造性智力成果和工商业标记依法产生的权利的统称。狭义的知识产权仅包括专利权、商标权和版权（著作权）。

结合世界知识产权组织和世界贸易组织的定义，当前知识产权的外延主要包括：著作权与相关权（邻接权）、专利权、商标权、工业品外观设计权、地理标志、植物新品种权、集成电路布图设计权、与反不正当竞争有关的商业秘密等。

2. 什么是工业产权？与知识产权是什么关系？

根据保护对象所处的领域划分，知识产权可以划分为工业产权和文学产权。工业产权主要包括商标权和专利权，文学产权主要包括著作权和与著作权相关的权利。工业产权保护的主要是在物质生产和消费过程中为了与同行

展开竞争而产生的权利。

3. 什么是专利？与知识产权、工业产权的关系是怎样的？

"专利"一词源于对英文中"patent"一词的翻译。专利最初是指由国王亲自签署的、带有御玺的独占某一技术的权利证书。国王的这种证书的发布通过信件传递，而这种信件是"敞开封口的证书"，所经之路上的任何人都可以打开看，目的是希望所有看到这一证书的人都知道所授予权利的技术内容。因此，"专利"一词具有"公开的""垄断的"之意。

现在一般认为，"专利"一词有如下三种含义：第一，专利是政府主管部门根据申请人申请而颁发的、主要用来保护发明创造的一种文件，该文件被称为专利或专利证书；第二，专利是指专利权，即国家依法授予的对某一技术的独占权；第三，专利是指包含技术和权利信息的、政府主管部门所公开的申请人申请专利时所提交的文献。

专利权是工业产权的重要组成部分，也是知识产权的重要组成部分。专利在国际上通常指发明专利。我国专利法除规定了发明专利以外，还规定有实用新型专利和外观设计专利。

4. 专利制度的特征是什么?

一般认为,专利制度具有法律保护、科学审查、公开通报和国际交流等特征。

(1) 法律保护。某一技术一旦经申请并被授予专利权,意味着权利人就可以获得国家法律所赋予的独占性实施该技术的权利,其有权禁止他人未经其许可实施该技术。

(2) 科学审查。对于某一技术的专利申请,国家主管部门必须依照专利法有关规定进行严格的、科学的审查,才有可能授予专利权。

(3) 公开通报。专利文件要及时、定期公开,公布专利的技术内容和发明人、所有人等信息,以利于科技情报的交流和传播,推动技术发展进步。

(4) 国际交流。专利文献可以跨越国界进行交流,同时,专利技术可以通过转让、许可等方式传播到全世界。

总之,可以对专利制度最重要并能反映其本质的特征进行这样概括:以法律的手段实现对技术实施的垄断,以书面的方式实现对技术信息的公开,即专利制度是通过对技术方案的公开来换取法律保护的制度安排。通过技术方案的公开,避免了重复性研发,使他人得以"站在巨人的肩膀上"从事进一步的研发,节约了社会资源。作为对技术公开的回报,国家赋予该技术方案以法律保护,避免技术公开后他人的"搭便车"行为。

5. 某一技术被授予专利权后，是不是可以在全世界得到保护？

法律制度健全的国家几乎都制定有自己的专利法，目前，全世界实行专利制度的国家和地区已达170多个。尽管这些国家和地区均有专利法，但由于专利法的国内法性质，各国或地区依据自己的专利法所授予的专利权仅在该国或地区领域内有效，在其他国家或地区没有法律效力。也就是说，一件发明创造若要在某一国家或地区得到保护，必须依该国家或地区的专利法提出申请并取得专利。这就是专利的地域性原则。

6. 国际专利申请与国内专利申请有什么区别？

国际专利申请是申请人就一项发明创造欲在《专利合作条约》（PCT）缔约方获得专利保护时，按照规定的程序向某一缔约方的专利主管部门提出的专利申请。国际申请分为国际和国内两个阶段。国际阶段包括国际申请的受理、公开、检索和初步审查。国内阶段主要包括指定国或选定国对国际申请授权审查及其他有关事务的办理。PCT旨在通过简化国际专利申请的手续和程序，强化对发明的法律保护，促进国际科技进步和经济发展。需要注意的是，利用此途径，可以实现"一国申请，多国有效"，但其仅仅是简化了申请阶段，并未包括审查和授权阶段。

国内专利申请即一国国民为获得本国专利，根据本国专利法的规定在本国提出的专利申请。

7. 一件发明创造如果被授予专利权，会永远得到保护吗？

专利权有法定的保护期限。在我国，发明专利的保护期限为20年，实用新型专利的保护期限为10年，外观设计专利的保护期限为15年。在保护期限内，专利权人享有对该技术的独占权，一旦保护期满或过期未缴年费，专利权将会失效，即专利权人将失去对技术的独占权，该技术将进入公有领域，任何人都可以无偿使用。法律对专利权给予时间限制，是为了平衡专利权这一私权和社会公共利益之间的关系。

8. 我国一年的专利授权量有多少？

近年来，我国专利申请保持良好增长势头，发明专利结构不断优化，专利质量进一步提升。

2020年，我国发明专利授权5.3万件，同比增长17.1%；实用新型专利授权237.7万件，外观设计专利授权 73.2 万件。截至 2020 年年底，我国国内（不含港澳台）有效发明专利 221.3 万件，其中维持年限超过 10 年的达 28.1 万件，占总量的 12.3%；每万人口发明专利拥有量达 15.8 件。

2020 年，我国受理 PCT 国际专利申请 7.2 万件，其中国内申请人提交 6.7 万件。

2020 年，我国专利复审结案 4.8 万件，同比增长 28.9%；无效宣告结案 0.7 万件，同比增长 34.1%。

第二节 专利制度的作用

9. 专利制度的作用是什么？

《中华人民共和国专利法》（以下简称《专利法》）第 1 条规定："为了保护专利权人的合法权益，鼓励发明创造，推动发明创造的应用，提高创新能力，促进科学技术进步和经济社会发展，制定本法。"由此可见，专利制度主要具有以下作用：

（1）保护专利权人的合法权益。鼓励创新是各国专利制度的首要目标。要做到这一点，就必须保护专利权人对其获得专利的发明创造所拥有的合法权益，能够使其借助专利制度收回发明创造的投资并获得经济利益。

（2）鼓励发明创造。鼓励发明创造是激励创新的主要途径。专利制度可以使专利权人凭借技术创新获得市场竞争优势,为专利权人获得更多的经济利益,从而激励创新。同时,专利制度可以使发明人获得经济利益和精神褒奖,从而驱使人们积极发挥潜力,乐于从事发明创新,提高国家的创新能力。

(3) 推动发明创造的应用。被授予专利权的发明创造可以由专利权人自己实施,也可以通过转让、许可等方式授权他人实施。如果专利权人不积极实施专利,在符合一定条件的情况下,还有可能由国家通过特别许可方式授权他人实施。通过推动发明创造的实际应用,促进产业发展和经济社会进步。

(4) 提高创新能力,促进科技进步和经济社会发展。专利制度可以不断地激发创新创造,从而使新技术替代原有技术,带动产业升级换代,为国家创造新的财富,以促进经济社会发展。

10. 什么是专利的排他性?

排他性是专利权最重要的内容,专利制度主要是通过专利产生的排他性来实现其制度目的的。专利的排他性也称独占性、专有性、垄断性,它是指专利一经授权,专利权人即独占性地享有实施其专利技术的权利。除专利法另有规定的以外,任何单位或者个人未经专利权人许可,均不得实施其专利,否则即构成对他人专利权的侵犯。

11. 为什么要申请专利？

专利权是受法律保护的一项重要财产权利。专利权作为以知识为核心的财产，具有重要的商业价值，可以在市场中进行转让、许可，并可作为担保、投资和融资的工具等；专利权是一项垄断性的权利，一般情况下，未经专利权人许可，任何单位或个人均不能使用；专利也是一项重要的市场竞争工具，可以作为进攻和防御武器，维护企业的市场地位；专利权作为创新的成果，也是创业的好帮手，有利于初创企业开拓市场。

12. 专利在市场竞争中有什么作用？

专利是市场竞争的利器，能够让企业在激烈的国际国内竞争中占据有利的位置，尤其是对于在市场和资金上处于不利地位的中小型企业而言，拥有好的专利，有利于其开拓市场，并在激烈的市场竞争中立于不败之地。具体来说，专利能够带给企业如下好处：

（1）专利的取得要经过法定的申请—审查—授权程序，经由该程序既确定了发明创造的权利归属关系，转化为生产、制造等方面的优势，同时也可以增加企业的无形资产，壮大企业实力。

（2）专利作为企业的无形资产，不但可以像有形资产一样通过转让的方式变现，还可以将其作为许可的对象收取许可费，或者作为投资标的或融资担保等。

（3）企业可以通过专利申请在市场竞争中争取主动，确保自身生产与销售的安全性，防止自己研发的新技术、新产品被模仿。如果不及时将自己的研发成果申请专利，一旦他人将其抢先进行专利申请，反而有可能使自己处于被告的不利境地。

（4）可以促进产品更新换代，提高产品技术含量。专利技术的应用不仅有助于提高产品质量、降低成本，还有助于产品推陈出新，实现升级换代，建立技术屏障，使企业在市场竞争中立于不败之地。

（5）有利于企业及其产品的宣传推广。拥有大量专利是企业强大实力的体现，一件产品若拥有专利甚或多项专利往往被视作高技术乃至高质量的体现，故专利的宣传更容易打动消费者，以利于企业和产品的宣传推广。

（6）国家为鼓励创新，对专利特别是发明专利的转移转化方面有一定的政策，使自己居于比同行更有利的竞争地位。

（7）避免在展会特别是国际展会上展品被撤的尴尬。展会中没有专利的产品更容易受到侵权指控，更易遭遇临时禁令和展品被撤的危险。拥有专利是产品不侵权的初步证明，可以使展会中的展品免遭上述不测。

除具有以上作用外，拥有一定数量的专利还可作为企业上市和其他评审中的一项重要指标，例如高新技术企业与科技项目的申报、验收和评审等；专利还是科研成果市场化的桥梁。综合来看，专利既可用作盾，保护自己的技术和产品免遭侵权之虞；也可用作矛，打击竞争对手的侵权行为。充分利用专利的各项功能，对企业的生产经营具有极大的促进作用。

需要注意的是，尽管专利有诸多好处，但是，申请专利和行使专利权应当遵循诚实信用原则，不得滥用专利权而损害公共利益或者他人合法权益。滥用专利权，排除或者限制竞争，构成垄断行为的，依照反垄断法处理。

13. 个人申请专利有什么意义？

专利是创新创造的成果，专利发明人的身份是一个人具有创新创造思维的象征和体现。个人和单位一样，作为专利权人，拥有我国专利法所规定的专利权人的权利和义务。如果是职务发明成果，发明人或设计人则有权在专利文件中写明自己是该专利的发明人、设计人，并有权获得必要的报酬和奖励，还可以通过产权激励方式分享创新收益，也可依据《国家科学技术奖励条例》的规定，申报国家科学技术奖，作为技术职称晋升或者破格晋升的依据。具体来讲，个人申请专利的意义或价值体现在如下几个方面：

（1）获得专利股份。专利权人可以通过将知识产权作价后投资入股，获得企业的股份、股权，成为企业股东，在股权分红等方面享受同其他股东一样的权利。

（2）获得专利带来的收益。拥有专利特别是高质量专利的专利权人，可以通过专利转让或许可方式获得可观的经济收入。

（3）享受人才引进政策。基于建设创新型国家的需要，社会对人才的渴求越来越强烈，国家和地方出台了不少的人才引进政策。一个人能否享受人才引进政策，有很多评价指标，是否拥有专利特别是发明专利是其重要指标之一。另外，作为人才引进后，技术职称晋升、申报各类奖项和各类基金、平台、创新中心等，专利也是一项重要的指标和依据。

（4）有助于青年人进入优秀的大学学习。一部分优秀高校为了招收有技能特长的学生，把学科竞赛奖项、专利、人文比赛类的奖项、科技创新比赛类的奖项、论文等列为考核指标。因此，拥有专利有助于青年学子进入优秀的大学学习。

14. 什么叫自主知识产权？

自主知识产权不是法律用语。自主知识产权，通常指的是由权利主体自己开发、研制并拥有的、自己能够支配或控制创新成果的实施、不受他方知识产权限制的知识产权。自主知识产权强调的是通过自行研发、委托研发、合作研发等原始取得方式取得的技术，不受他方专利等知识产权制约，不从属于他方专利，且已经通过专利申请、软件登记等方式取得知识产权保护的技术。从广义上讲，自己通过支付费用等形式买断他人专利等知识产权，其对购得的智力成果享有自由支配和处分的权利，不再受原权利人的干涉，使用该购得专利技术生产的新产品，也可以称为具有自主知识产权。

15. 所有的发明创造都有必要申请专利吗？

申请专利有很多好处，是对发明创造一种很好的保护方式，但并不是说所有的发明创造都适合通过专利来保护。专利技术是由国家强制力给予保障，但专利保护是要有成本的。申请专利必须缴纳申请费、审查费，如果被批准，还要缴纳登记费、年费等；委托专利代理机构代为申请的，还要缴纳代理费，需要一定的资金投入。此外，专利保护是有期限的，一旦保护期限届满，该技术将丧失法律保护从而自动进入公有领域。因此，一项技术是否要申请专利，需要根据专利的用途进行考量。申请人应对自己发明创造的商业开发可能性、专利应用范围及产品市场前景进行认真预测和调研，以便明确在取得专利权以后，能否通过实施、转让或其他利用方式达到自己的预期目的，明确不申请专利可能带来的市场、经济或其他损失。这些都是申请人在确定是否申请专利、申请什么专利和在什么时候申请专利时所要考虑的问题，一定要在权衡利弊后再决定是否进行专利申请。

如果一项技术创新能够通过自力进行保护，保证在产品投放市场后其技术不被人破解，从权利人利益最大化角度考虑，则适用技术秘密方式保护更好，不必申请专利，也不推荐采用专利保护。因为专利制度是以技术公开换取法律保护的制度，一项创新要获得专利保护，必须向社会公开自己的技术，而且专利保护是有期限的。反观技术秘密，只要权利人能够保护好自己的技术，使技术不因泄露、窃取等方式被公开，就可以无限期地持续保护下去。如保密了100多年的可口可乐配方就是技术秘密保护的成功案例之一。

第三节 专利制度的历史

16. 世界上第一部专利法诞生在哪个国家？

专利制度发端于15世纪的威尼斯。一般认为，1474年3月威尼斯共和国公布的专利法，是世界上第一部专利法。这部专利法虽具有现代专利法的某些特点和因素，但相当简单和粗糙，且带有浓厚的封建特权色彩，保障效能甚低。真正具有现代化特点的专利制度是自17世纪以来随着资本主义经济的不断发展和资本主义生产方式的牢固确立而逐步形成、发展和完善起来的。1624年英国的《垄断法案》，被人们称为现代专利法之始。它的基本原则和某些具体规定被许多国家在制定专利法时仿效和借鉴。

17. 中国何时开始有专利制度？

太平天国运动时期，西方专利制度第一次被介绍进中国。1859年，太平天国洪仁玕在《资政新篇》中首次提出效仿西方授予专利的设想及专利到期后的用途。这是我国历史上在专利领域最早的立法建议。但由于太平天国运动的失败，洪仁玕的建议没有能真正施行。

1881年，实业家郑观应向北洋大臣李鸿章提出专利申请，要求为上海机器织布局采用的纺纱织布新技术给予专利保护。1882年8月，经光绪皇帝批准，赐予上海机器织布局的上述技术以"十年专利"。这是我国近代史上的第一件专利。

18. 专利制度在中国近代的发展过程是怎样的？

我国近代史上第一部有关专利的法规是1898年光绪帝颁布的《振兴工艺给奖章程》。遗憾的是，由于戊戌变法运动的失败，该章程并未施行。中国历史上真正具有现代意义的专利法是国民政府于1944年颁布、1949年1月1日实施的专利法。

19. 从新中国成立到第一部专利法颁布期间我国的专利制度是怎样的？

中华人民共和国成立以后，政务院于1950年8月颁布《保障发明权与专利权暂行条例》，并于同年10月颁布了该条例的实施细则。该条例实行苏联式的双轨制，把发明分为职务发明和自由发明两大类。职务发明的发明人拥有发明权，国家拥有独占使用权；自由发明的发明人拥有专利权。截至1957年，通过该条例全国只批准了4项专利权和6项发明权。1957年以后，该条例就名存实亡了。1963年11月，国务院明令废止该条例并发布《发明奖励条例》。1978年12月，国务院发布修订后的《发明奖励条例》，并依照条例规定，评选出了一大批发明创造成果，颁发了证书并予以奖励。

20. 中华人民共和国第一部专利法在哪一年颁布的？

1978年7月，为适应中国改革开放的需要，党中央作出了建立专利制度的重大决策。1979年3月，原国家科委受国务院委托成立专利法起草小组。历经5年艰辛，1984年3月12日，第六届全国人大常委会第四次会议审议通过《中华人民共和国专利法》。1985年4月1日，《专利法》

正式实施,从此揭开了中国专利事业以至整个知识产权事业发展史上的一个新篇章。《专利法》实施的第一天,中国专利局就收到来自国内外3455件专利申请,世界知识产权组织称赞中国创造了世界专利历史的新纪录。

21. 我国现行专利法是哪一年颁布的?自颁布后经过了几次修改?

我国现行《专利法》于1984年3月12日正式公布,于1985年4月1日起开始施行。该法的施行在中国知识产权事业中具有里程碑意义,对中国改革开放四十多年成就的取得意义重大。该法迄今为止共进行了四次修改,实现了从适应国际规则、促进改革开放到满足本国经济社会发展需要的转变。

第一次修改是在1992年9月。1984年的《专利法》是不授予药品、化学物质和食品专利权的,第一次修改主要是为了解决这一问题,从而使中国专利制度与国际标准更加接轨。

第二次修改是在2000年8月。这次修改是基于加入世界贸易组织的需要,按照国际公约修改了与世界贸易组织规则不相符的规定。

第三次修改是在2008年12月。第一次和第二次修改都是为了与国际标准靠拢,或是来自于国外一些方面的要求和压力,而第三次修改则是基于中国自身发展需要进行的完善。

第四次修改是在 2020 年 10 月。此次修改是为了进一步加强知识产权保护的力度，显著提高了侵犯专利权的损害赔偿数额和假冒专利的行政处罚数额，加大了对侵权行为的打击力度。

22. 我国由什么部门负责专利工作？主要有哪些职能？

（1）国家知识产权局。根据《专利法》规定，国家知识产权局作为国务院专利行政部门，负责管理全国的专利工作；统一受理和审查专利申请，依法授予专利权。根据党的十九届三中全会审议通过的《中共中央关于深化党和国家机构改革的决定》《深化党和国家机构改革方案》和第十三届全国人民代表大会第一次会议批准的《国务院机构改革方案》，国家知识产权局负责管理全国包括专利在内的知识产权工作。主要职责包括：①负责拟订和组织实施国家知识产权战略。拟订加强知识产权强国建设的重大方针政策和发展规划。拟订和实施强化知识产权创造、保护和运用的管理政策和制度。②负责保护知识产权。拟订严格保护商标、专利、原产地地理标志、集成电路布图设计等知识产权制度并组织实施。组织起草相关法律法规草案，拟订部门规章，并监督实施。研究鼓励新领域、新业态、新模式创新的知识产权保护、管理和服务政策。研究提出知识产权保护体系建设方案并组织实施，推动建设知识产权保护体系。负责指导商标、专利执法工作,指导地方知识产权争议处理、维权援助和纠纷调处。③负责促进知识产权运用。拟订知识产权运用和规范交易的政策,促进知识产权转移转化。规范知识产权无形资产评估工作。负责专利强制许可相关工作。制定知识产权中介服务发展与监管的政策措施。④负责知识产权的审查注册登记和行政裁决。实施商标注册、专利审查、集成电路布图设计登记。负责商标、专利、集成电路布图设计复审和无效等行政裁决。拟订原产地地理标志统一认定制度并组织实施。⑤负责建立知识产权公共服务体系。建设便企利民、互联互通的全国知识产权信息公共服务平台,推动商标、专利等知识产权信息的传播利用。⑥负责统筹协调涉外知识产权事宜。拟订知识产权涉外工作的政策,按分工开展对外知识产权谈判。开展知识产权工作的国际联络、合作与交流活动。⑦完成党中央、国务院交办的其他任务。比如原专利复审委员会并入国家知识产权局后,原专利复审委员会负责的专利复审工作。

《专利法》规定,国家知识产权局应当按照客观、公正、准确、及时的要求,依法处理有关专利的申请和请求;应当加强专利信息公共服务体系建设,完整、准确、及时发布专利信息,提供专利基础数据,定期出版专利公报,促进专利信息传播与利用。

(2)地方管理专利工作的部门。其负责本行政区域内的专利管理工作。根据党的十九届三中全会审议通过的《中共中央关于深化党和国家机构改革的决定》《深化党和国家机构改革方案》和各地方的机构改革方案，地方专利管理工作部门的主要职责包括：统筹协调本地包括专利在内的知识产权工作、建设包括专利在内的知识产权保护体系、促进包括专利在内的知识产权创造和运用、推动包括专利在内的知识产权产业发展和建设知识产权服务体系。专利执法职责交由市场监管综合执法队伍承担。

（3）国家和地方国防专利机构。国防专利机构统一负责国防专利申请的受理和审查，经国防专利机构审查认为符合《国防专利条例》规定的，由国家知识产权局授予专利权。目前负责受理和审查国防专利申请的部门是国防知识产权局，隶属于中央军委装备发展部。

23. 还有哪些与专利权相关的法律法规？

在我国，除《专利法》与《中华人民共和国专利法实施细则》（以下简称《专利法实施细则》）外，还有如下现行有效的法律法规规范与专利相关。

（1）行政法规：《专利代理条例》《国防专利条例》和《知识产权海关保护条例》等。

（2）部门规范性文件：《专利审查指南》《专利代理管理办法》《专利优先审查管理办法》《国家知识产权局行政复议规程》《专利标识标注办法》《专利实施强制许可办法》《用于专利程序的生物材料保藏办法》《专利行政执法办法》《关于专利电子申请的规定》《专利权质押登记办

法》《专利实施许可合同备案办法》《专利代理师资格考试办法》《关于台湾同胞专利申请的若干规定》《关于规范专利申请行为的若干规定》《专利代理惩戒规则》《设立专利代理机构的审批办法（暂行）》等。

（3）司法解释：《最高人民法院关于审理专利纠纷案件适用法律问题的若干规定》（法释〔2015〕4号、《最高人民法院关于审理侵犯专利权纠纷案件应用法律若干问题的解释（二）》（法释〔2016〕1号）、《最高人民法院关于对诉前停止侵犯专利权行为适用法律问题的若干规定》（法释〔2001〕20号）、《最高人民法院关于修改〈最高人民法院关于审理侵犯专利权纠纷案件应用法律若干问题的解释（二）〉等十八件知识产权类司法解释的决定》（法释〔2020〕19号）、《最高人民法院关于审理专利授权确权行政案件适用法律若干问题的规定（一）》（法释〔2020〕8号）、《最高人民法院关于审查知识产权纠纷行为保全案件适用法律若干问题的规定》（法释〔2018〕21号）。

第四节 专利权的种类

24. 专利有几种类型？

我国专利法规定的专利有三类，即发明、实用新型和外观设计专利。

25. 什么是发明?

专利法所称的发明是指对产品、方法或其改进所提出的新的技术方案。专利法将发明分为产品发明（如机器、仪器、设备和用具等）和方法发明（制造方法）两大类。

发明专利的技术含量相对较高，发明人所投入的创造性劳动更多，授予发明专利在初步审查通过后还要进行实质审查，审查流程复杂，审查时间相对较长，费用较高。

26. 产品发明与方法发明有什么区别?

产品发明是人们通过研究开发出来的关于各种新产品、新材料、新物质等的技术方案。专利法上所称的产品，可以是一个独立、完整的产品，也可以是一个设备或仪器中的零部件。

方法发明是指人们为制造产品或解决某个技术问题而研究开发出来的操作方法、制造方法以及工艺流程等技术方案。方法可以是由一系列步骤构成的一个完整过程，也可以是一个步骤，主要包括：制造方法和其他的测量、分析、通信方法等。

27. 什么是实用新型？有什么特点？

　　实用新型又称小发明，是指对产品的形状、构造或者其结合所提出的适于实用的新的技术方案。实用新型专利保护的范围较窄，仅保护具有一定形状或构造的产品，不保护方法及没有固定形状的物质。实用新型的技术方案更注重实用性，其创造性和技术水平较发明专利低，在审查中仅进行形式审查，其保护期限较发明专利要短，费用也低。2016年，国家知识产权局提出专利质量提升工程，对实用新型专利实行从严审查，将审查周期延长到7~14个月，引导创新主体进行高水平创造和高质量申请。2017年，国家知识产权局《关于规范专利申请行为的规定》对于提升专利质量、打击非正常专利申请起到了重要作用。2019年，《专利代理条例》和《专利代理管理办法》及专利代理行业的"蓝天"专项整治活动，强化了专利代理行业的监管，提升了专利质量水平，基本实现专利申请稳量提质的目标。根据国家知识产权局统计，2020年上半年，实用新型专利申请的平均审查周期为6.4个月。

28. 发明专利和实用新型专利有什么异同？

　　第一，实用新型专利仅限于具有一定形状或构造的产品。也就是说,实用新型只能是一种产品,而不能是一种方法,是一种具有一定形状或构造的产品,而不能是没有固定形状的产品,如药品、化学物质、水泥等。第二,实用新型专利的创造性低于发明专利,但实用性较强。二者的相同之处在于,它们都是一种技术方案,是为了解决一定的技术问题。

29. 什么是外观设计?

外观设计,是指对产品的整体或者局部的形状、图案或者其结合以及色彩与形状、图案的结合所作出的富有美感并适于工业应用的新设计。外观设计不同于发明和实用新型,它是工业品的样式,而不是为了解决技术问题的技术方案。

30. 发明、实用新型和外观设计三者的区别是什么?

(1) 保护的内容不同。发明专利可以保护的对象比实用新型多,实用新型专利只能保护具有一定形状或构造的产品,不能保护方法、材料之类的创新,但是发明专利除了可以保护具有一定形状或构造的产品外,还能保护制造产品的方法、材料等。外观设计与实用新型专利都涉及产品的形状,但实用新型是一种技术方案,它所涉及的形状是从产品的技术效果和功能角度考虑的;而外观设计是一种设计方案,它所涉及的形状是从产品美感的角度考虑的。外观设计是关于产品外表的装饰性或艺术性的设计,这种设计可以是平面图案或者立体造型或者二者之结合。

(2)专利申请审查要求不同。申请发明专利或者实用新型专利,应当提交请求书、说明书、说明书摘要及权利要求书等文件;说明书应当对发明或实用新型作出清楚、完整的说明,以所属技术领域的一般技术人员能够实施为准。而申请外观设计专利,只要求提交请求书及有关图片或照片。另外,发明专利申请需要经过实质审查,即可专利性审查,较为严格,而实用新型专利及外观设计专利申请仅作形式审查,不涉及可专利性审查。

(3)审查周期不同。从审查周期来看,发明专利申请的审查周期较长,三五年是正常的,实用新型专利及外观设计专利申请的审查时间较短,快的几个月,慢的也只要一年左右。

(4)权利稳定性不同。从专利权的稳定性来看,发明专利是经过实质审查的,所以一旦获得专利权,其权利是比较稳定的,不容易被宣告无效,而实用新型及外观设计专利未经实质审查,即使获得专利权,其权利也非常不稳定,很容易被宣告无效。

(5)专利权保护范围不同。发明或者实用新型专利权的保护范围以其权利要求的内容为准,说明书及附图可以用于解释权利要求的内容。外观设计专利权的保护范围,则以表示在图片或者照片中的该产品的外观设计为准,简要说明可以用于解释图片或者照片所表示的该产品的外观设计。

（6）保护期限不同。从保护期限来看，在我国，发明专利的保护期限为 20 年，实用新型专利的保护期为 10 年，外观设计专利的保护期限为 15 年。

31. 什么是国防专利？与普通专利有什么不同？

国防专利是指涉及国防利益以及对国防建设有潜在作用需要保密的发明专利。实用新型不能申请国防专利。与普通专利相比，国防专利有如下特殊之处：

（1）保护范围窄。国防专利的保护对象仅限于涉及国防利益以及对国防建设有潜在作用需要保密的发明专利。

（2）保密要求较高。在未解密前，国防专利申请在受理、审查、复审、授权、转让、实施、调处纠纷和诉讼的过程中均处于保密状态，社会公众无法得到技术方案信息。

（3）申请提交的文件和审查有所不同。申请国防专利需要提供一份说明技术方案涉密情况的密级证明，其他要求与普通专利基本一致。另外，国防专利在进行新颖性审查时，对于国外现有技术的检索仅限于国外出版物。

（4）审查和授权机构不同。国防专利申请有的是由国防知识产权局直接受理和审查，有的是由国家知识产权局发现受理的专利申请涉及国防利益的内容，移交国防知识产权局进行审查。国防专利申请，经国防知识产权局审查认为符合《国防专利条例》规定的，由国家知识产权局授予国防专利权。

（5）有指定的代理机构。申请人需要委托专利代理机构申请国防专利和办理其他国防专利事务的，应当委托国防专利机构指定的专利代理机构办理。

（6）公开程度有限。国防专利在授权后，国家知识产权局仅在专利公报上公告国防专利的专利号、申请日和授权公告日；国防知识产权局将该国防专利的有关事项在《国防专利内部通报》上刊登，但出版的《国防专利内部通报》按机密级文件管理。国防专利的信息出于保密性考虑，仅在指定范围发放或者向有关部门递送"专利副本"。

（7）不用缴纳专利维持费。

（8）设有补偿费。国防知识产权局设立国防专利补偿费，在颁发国防专利证书时，或者该专利被首次实施后，或因保密造成国防专利权人经济损失的，经提出补偿申请，国防专利权人获得补偿费，数额由国防知识产权局确定。属于职务发明的，国防专利权人应当将不少于50%的补偿费发给发明人。

第五节 专利权与相关权利的区分

32. 什么是专有技术？和专利技术有什么不同？

专有技术属于商业秘密的一种，也称"技术秘密"、"技术诀窍"、know-how等，在世界贸易组织的《与贸易有关的知识产权协议》（TRIPS）中称为"未公开的信息"。国际商会曾将专有技术定义为"实施某种为达到工业生产目的所发布的具有秘密性质的技术知识"，世界知识产权组织巴黎会议则认为，专有技术是指某种可以转让和可以传授的、公众所不容易得到的而且没有取得专利权的技术知识。一般认为，专有技术是一种秘密的技术知识、经验和技巧的总和。专有技术既可以表现为书面资料，如设计图纸资料、设计方案、操作程序指南、数据资料等；也可以表现为技术示范、对工程技术人员的培训和口头传授等。

从法律角度讲，专有技术没有经过法律的认可，不是法定权利，仅为技术持有者所独有，但作为持有者的知识财产，也可通过合同的方式进行转让、许可。在我国，专有技术可能得不到专利法、商标法的保护，但它可以受到反不正当竞争法和刑法等的保护。

专有技术和专利技术有很大的不同，具体如表1所示。

表1 专有技术与专利技术的不同

比较内容	专有技术	专利技术
保护对象	法律不保护技术自身,只禁止他人非法获取	法律保护技术自身不被擅自实施
是否禁止类似技术	法律不禁止他人通过自行研发、反向工程等方式获取并使用相同或类似技术	禁止
保护期	无时间限制	有时间限制
保护地域	无地域限制	只在授予国或地区有效
保密性	技术内容保密	技术内容公开
技术要求	不一定是发明创造,但必须是成熟的、行之有效的且能自力保护的	必须具有新颖性、创造性和实用性
技术形态	是动态的,其内容可以改进,是可变的	是静态的,其内容是固定不变的
存在方式	以书面形式描述或存在于人们的头脑中	以书面形式描述

33. 专利技术与高新技术是什么关系?

专利技术和高新技术的评价标准不同。专利是产权化的技术,是经过一国专利局进行过可专利性(是否具有新颖性、创造性和实用性)评价,能够满足专利授权要求,且根据专利法规定属于可授予专利范围的技术。高新技术是仅就技术自身是否先进、是否具有创造性的评价。换句话说，专利技术是满足专利法授权要求的技术，但不一定是高新技术，特别是更侧重实用性的实用新型专利，一般与高新技术无缘。反之，高新技术不一定都申请专利，是否申请专利是权利人的选择，权利人可以不通过专利而通过技术秘密的方式予以保护，而且高新技术也不一定都能满足申报专利的要求，例如医疗领域、核领域等的高新技术就不能申报专利。

34. 专利权与商标权有什么不同？

专利权和商标权虽然同属于工业产权，都是在工商业领域产生的知识产权，但是，二者又有显著不同。专利权属于智力成果的一种，保护的是人们智力创造的成果；而商标权则属于工商业标记，保护的是人们诚信经营的商誉性成果。具体来讲，二者具有如下区别：

（1）客体不同。专利权保护的是人们为解决技术问题而产生的技术方案，而商标权保护的是由文字、图形、字母、数字、三维标志、颜色组合和声音等，以及上述要素的组合的能够将自然人、法人或者其他组织的商品与他人的商品区别开的标志。

（2）保护期限不同。专利权保护是有限期的，在我国发明专利保护期 20 年，实用新型专利保护期 10 年，外观设计专利保护期 15 年，到期不能续展。商标权保护期为 10 年，到期可以续展，只要每 10 年续展一次就可以无限期地拥有对该商标的独占使用权。

（3）保护内容不同。对于专利权而言，除法律另有规定外，任何单位或者个人未经权利人许可，均不得为生产经营目的制造、使用、许诺销售、销售、进口其专利产品，或者使用其专利方法以及使用、许诺销售、销售、进口依照该专利方法直接获得的产品。商标权人的注册商标专用权，则以核准注册的商标和核定使用的商品或服务为限，但商标权人有权禁止他人在类似商品或服务上使用近似商标，如果受保护的是驰名商标，禁止权的范围还可以延伸到其他类别的商品和服务上。

（4）申请程序不同。对于实用新型和外观设计专利而言，要经过申请、初步审查，才能被授权；对于发明专利，则还要经过实质审查，才能最终获得授权。而商标权只要经过申请和初步审查就可公告，公告无异议则可核准注册。

35. 外观设计专利权和版权保护的界限是什么？二者发生交叉时如何选择？

起初，专利制度和版权制度的分界在于：专利保护的是工商业领域的技术和设计，注重实用性，目的是满足人们的物质需求；版权保护的是文学和艺术领域的作品，注重美感和艺术性，目的是满足人们的精神需求。但是，随着人们对工业品视觉美感的要求越来越高，许多工业品不再仅仅局限于实用性,更增加了艺术性的追求,这就使得工业品特别是工业品外观设计同时满足了版权法要求的独创性,成为版权法保护的对象。至此,外观设计专利与版权发生交叉,出现双重保护。

由于外观设计专利权提供的是一种强保护,可以排除竞争对手对与其相同或相似设计的独占实施权;而版权法提供的是一种弱保护,并不限制和排斥他人的独立创作并使用与之相同或相似的作品。因此,当外观设计专利权与版权出现交叉重叠时,权利人应首先选择保护力度更强的专利法进行保护,当外观设计专利权失效后(包括被宣告无效或者保护期届满),再采用版权法进行保护。

36. 发表论文和申请专利有冲突吗?

论文和专利都是创新研究的成果。论文是对科学研究成果或创新见解的记录和总结,论文的内容既可以是纯理论,也可以是对满足专利要求的技术的阐述。对能够满足专利法要求的发明创造,会在发表论文和申请专利之间产生一定的冲突。首先应该意识到,发表论文和申请专利产生的效果是不同的。论文只能产生版权法上的效果,即不准他人抄袭或剽窃该论文,却不能阻止别人实施论文中描述的技术。专利则不同。专利是国家授予发明人的排他性的技术实施权,除非得到专利权人许可或有法律规定,他人不得实施同样的技术。此外,如申请专利前发表论文,将会导致技术丧失新颖性，从而无法获得专利权。因此，从新颖性角度考虑，慎重选择论文发表时间，确保申请专利在先、论文发表在后是非常重要的。只有这样，才能使专利所要求的新颖性和创造性不受影响，使创新成果得到版权和专利权的双重保护。此外，发表论文时，对一些敏感的数据可以选择不发表，将其作为技术秘密，以最大限度地保护创新成果。

第二章 授予专利权的条件

第一节 授予专利权的积极条件

37. 授予专利权的条件是什么?

授予专利权的条件包括两方面:形式条件和实质条件。

形式条件指请求授予专利权的发明创造应当按照专利法及相关规定的格式,制作书面的专利申请文件,并依照法定程序履行必要的手续。

关于授予专利权的实质条件,根据专利法规定,违反法律、社会公德或者妨害公共利益的发明创造,违反法律、行政法规的规定获取或者利用遗传资源,并依赖该遗传资源完成的发明创造,属于《专利法》第25条规定的发明创造,不授予专利权。除此之外,发明和实用新型专利申请还应当具备新颖性、创造性和实用性。外观设计专利申请还应当不属于现有设计,也没有任何单位或者个人就同样的外观设计在申请日以前向国务院专利行政部门提出过申请,并记载在申请日以后公告的专利文件中;且与现有设计或者现有设计特征的组合相比,应当具有明显区别,并不得与他人在申请日以前已经取得的合法权利相冲突。

38. 发明专利授权的实质条件有哪些？

（1）新颖性，是指该发明不属于现有技术（申请日以前在国内外为公众所知的技术），也没有任何单位或个人就同样的发明在申请日以前向国务院专利行政部门提出过申请，并记载在申请日以后公布的专利申请文件或公告的专利文件中。

（2）创造性，是指与现有技术相比，该发明具有突出的实质性特点和显著的进步。

（3）实用性，是指该发明能够制造或使用，并且能够产生积极效果。

以上三点又被称为专利授权判断中的"三性"。此外，该发明不得违反法律、社会公德或者妨害公共利益，不属于违反法律、行政法规的规定获取或者利用遗传资源，并依赖该遗传资源完成的发明创造，亦不属于《专利法》第25条规定的发明创造。

39. 实用新型专利授权的实质条件有哪些？

（1）新颖性，是指该实用新型不属于现有技术（申请日以前在国内外为公众所知的技术），也没有任何单位或个人就同样的实用新型在申请日以前向国务院专利行政部门提出过申请，并记载在申请日以后公布的专利申请文件或公告的专利文件中。

（2）创造性，是指与现有技术相比，该实用新型具有实质性特点和进步。

（3）实用性，是指该实用新型能够制造或使用，并且能够产生积极效果。

此外，该实用新型同样不得违反法律、社会公德或者妨害公共利益，不属于违反法律、行政法规的规定获取或者利用遗传资源，并依赖该遗传资源完成的发明创造，亦不属于《专利法》第25条规定的发明创造。

40. 外观设计专利的授权条件有哪些？

按照专利法及相关规定，可授予专利权的外观设计需满足新颖性、富有美感、适于工业应用以及不与在先权利相冲突等条件。

（1）新颖性。这是指该外观设计不属于现有设计（申请日以前在国内外为公众所知的设计），也没有任何单位或个人就同样的设计在申请日以前向国务院专利行政部门提出过申请，并记载在申请日以后公告的专利文件中；授予专利权的外观设计与现有设计或现有设计特征的组合相比，应具有明显区别。

（2）富有美感。在判断是否属于外观设计专利权的保护客体时，关注产品外观给人的视觉感受，而不是产品的功能特性或者技术效果。

（3）适于工业应用。这是指采用该外观设计方案的产品能够在产业上应用并可形成批量生产。如果某项设计不能批量复制生产，则可认定不具有工业实用性，故不能申请外观设计专利。

（4）不与在先权利相冲突。该外观设计不得与他人在申请日或者优先权日以前已经取得的合法权利相冲突。

41. 如何判断发明和实用新型专利申请的新颖性？

新颖性，是指该发明或者实用新型不属于现有技术，也没有任何单位或者个人就同样的发明或者实用新型在申请日以前向国务院专利行政部门提出过申请，并记载在申请日以后公布的专利申请文件或者公告的专利文件中。因此，一项发明或实用新型专利申请如果符合这一条件就具备新颖性。

（1）该发明或实用新型不属于现有技术。现有技术是指申请日以前在国内外为公众所知的技术。现有技术包括在申请日（有优先权的，指优先权日）以前在国内外出版物上公开发表、在国内外公开使用或者以其他方式为公众所知的技术。需要注意的是，处于保密状态的技术内容不属于现有技术。所谓保密状态，不仅包括受保密规定或协议约束的情形，还包括社会观念或者商业习惯上被认为应当承担保密义务的情形，即默契保密的情形。但是，如果负有保密义务的人违反规定、协议或者默契泄露秘密，导致技术内容公开，使公众能够得知这些技术，除非权利人在6个月内及时申请专利，否则，这些技术也构成现有技术。

出版物公开是指在专利申请提交前，没有同样的发明创造在国内外出版物上公开发表过。专利法意义上的出版物是指记载有技术或设计内容的独立存在的传播载体，并且应当表明或者有其他证据证明其公开发表或出版的时间。这些出版物可以是各种印刷的、打字的纸件，也可以是用电、光、磁、照相等方法制成的视听资料，还可以是以其他形式存在的资料，如存在于互联网或其他在线数据库中的资料等。出版物不受地理位置、语言或者获得方式的限制，也不受年代的限制，也不受发行量、阅读量和申请人知道与否的限制。仅在特定范围内发行并要求保密的出版物，不属于公开出版物。出版物的印刷日视为公开日，有其他证据证明其公开日的除外。印刷日只写明年月或者年份的，以所写月份的最后一日或者所写年份的12月31日为公开日。

使用公开是因使用导致技术方案的公开，或者导致该技术方案处于公众想得知就能够得知的状态，而不管公众得知与否。它不仅包括通过制造、使用、销售、进口、交换、馈赠、展示或展出等方式使公众能够了解其技术内容的情形，而且包括放置在展台上、橱窗内公众可以阅读的信息资料及直观资料的情形。即使所使用的产品或者装置需要经过破坏才能得知其结构和功能，也仍然属于使用公开。但是，未给出任何有关技术内容的说明，以致所属技术领域的技术人员无法得知其结构和功能或材料成分的产品展示，不属于使用公开。使用公开的公开日以公众能够得知该产品或者方法之日为准。

以其他方式公开主要指口头公开等。例如，口头交谈、报告、讨论会发言、广播、电视或电影等能使公众得知技术内容的方式。口头交谈、报告、讨论会发言以其发生之日为公开日。公众可接收的广播、电视或电影的报道，以其播放日为公开日。

（2）在该申请提交前，没有同样的发明创造由他人向国务院专利行政部门提出过，并且记载在申请日以后公布的专利申请文件中。此种申请不属于现有技术，不影响新颖性。但是，如果同样的发明或者实用新型在申请日前已由任何单位和个人包括申请人自己向国务院专利行政部门提出过申请，且在先的专利申请在申请日之后被公布或公告，那么在后的这一申请即丧失了新颖性。此种损害新颖性的申请又被称为抵触申请。

42. 对申请日前公开的技术，有无不丧失新颖性的例外？

一般情况下，技术的公开意味着其失去了专利法意义上的新颖性，但在特定情况下，其公开行为并不导致新颖性的丧失，即在一定期限内不构成影响申请人专利申请的现有技术。根据《专利法》及其实施细则的规定，申请专利的发明创造在申请日以前6个月内，有下列情形之一的，不丧失新颖性：

（1）在国家出现紧急状态或者非常情况时，为公共利益目的首次公开的。例如，为了适应类似新冠肺炎疫情等紧急状态或非常情况，即使相关新药及设备先行投入抗灾抢险而公开，在后续申请专利不会丧失新颖性。

（2）在中国政府主办或者承认的国际展览会上首次展出的。中国政府承认的国际展览会，是指国际展览会公约规定的在国际展览局注册或者由其认可的国际展览会。

（3）在规定的学术会议或者技术会议上首次发表的。这里所称的学术会议或者技术会议，是指国务院有关主管部门或者全国性学术团体组织召开的学术会议或者技术会议。

（4）他人未经申请人同意而泄露其内容的。

申请专利的发明创造有上述第（2）（3）种情形的，申请人应当在提出专利申请时声明，并自申请日起2个月内提交有关国际展览会或者学术会议、技术会议的组织单位出具的有关发明创造已经展出或者发表，以及展出或者发表日期的证明文件。

申请专利的发明创造有上述第（4）种情形的，国务院专利行政部门在必要时可以要求申请人在指定期限内提交证明文件，证实其发生所说情形的日期及实质内容。

43. 如何判断发明和实用新型专利申请的创造性？

创造性，是指与现有技术相比，该发明具有突出的实质性特点和显著的进步，该实用新型具有实质性特点和进步。

对于发明来讲，其创造性判断需要注意三点：一是对比对象为"现有技术"，即指《专利法》第22条第5款所定义的现有技术；二是需要具有"突出的实质性特点"；三是需要具有"显著的进步"。在进行创造性判断时，要将一份或者多份现有技术中的不同的技术内容组合在一起作为一个整体看待，这一点与新颖性判断中的"单独对比"原则不同。

（1）发明具有"突出的实质性特点"，是指对所属技术领域的技术人员来说，要求保护的发明相对于现有技术是非显而易见的。如果发明是所属技术领域的技术人员在现有技术的基础上只要通过合乎逻辑的分析、推理或者有限的试验就可以得到，则属于显而易见，就不具有突出的实质性特点。一项发明是否具有突出的实质性特点，通常采用"三步法"进行判断。

第一步，确定与要求保护的发明最接近的现有技术。它是判断发明是否具有突出的实质性特点的基础。最接近的现有技术，是指现有技术中与要求保护的发明最密切相关的一个技术方案，可以是与要求保护的发明技术领域相同，所要解决的技术问题、技术效果或者用途最接近，公开发明的技术特征最多的现有技术，或者虽然与要求保护的发明技术领域不同，但能够实现发明的功能，并且公开发明的技术特征最多的现有技术。应当注意的是，在确定最接近的现有技术时，应首先考虑技术领域相同或相近的现有技术。

第二步，确定发明的区别特征和发明实际解决的技术问题。首先应当分析要求保护的发明与最接近的现有技术相比有哪些区别特征，然后根据该区别特征在要求保护的发明中所能达到的技术效果确定发明实际解决的技术问题。因此，发明实际解决的技术问题，就是为获得更好的技术效果而需对最接近的现有技术进行改进的技术任务。审查中有可能根据审查员所认定的最接近的现有技术重新确定发明实际解决的技术问题，当然这可能要依据每项发明的具体情况而定。

第三步，判断要求保护的发明对本领域的技术人员来说是否显而易见。从最接近的现有技术和发明实际解决的技术问题出发，判断现有技术整体上是否存在某种技术启示，这种启示使得本领域技术人员面对发明实际解决的技术问题时，有动机改进最接近的现有技术并获得要求保护的发明。如果现有技术存在这种技术启示，则发明是显而易见的，不具有突出的实质性特点。例如所述区别特征为公知常识，或与最接近的现有技术相关的技术手段，或另一份对比文件中披露的相关技术手段，通常被认为现有技术中存在上述技术启示，该发明显而易见。

上述三个步骤，被称为判断创造性的"三步法"。在判断时，不仅要考虑发明的技术方案本身，还要考虑发明所属技术领域、所解决的技术问题和所产生的技术效果，将发明作为一个整体看待。

（2）发明具有"显著的进步"，是指发明与现有技术相比产生了有益的技术效果。如果发明与现有技术相比存在下述情形，通常被认为具有显著的进步：具有更好的技术效果，如质量改善、产量提高、节约能源、防治环境污染等；或者提供了一种构思不同的技术方案，其技术效果能够基本上达到现有技术的水平；或者代表了某种新技术发展趋势；或者尽管发明在某些方面有负面效果，但在其他方面具有明显积极的技术效果。

此外，如果发明解决了人们一直渴望解决但始终未能获得成功的技术难题，或者克服了技术偏见，或者取得了预料不到的技术效果，或者在商业上获得成功，也都被认为具有创造性。

《专利审查指南（2010）》仅对发明专利给出独立的判断标准，而对于实用新型的创造性要求并没有给出独立的判断标准。通常来说，判断一项实用新型是否具备创造性，较多考虑的是该实用新型专利能否带来更好的或者意想不到的效果这一因素，尤其是当实用新型与已有技术在技术特征上变化并不大、在技术方案上的进步并不显见或者不易查明时，往往将技术效果作为创造性判定的标准。

为了统一审查标准，对创造性的判断是基于所属技术领域的技术人员这一假设的"人"的知识和能力进行的：

假定他知晓申请日或者优先权日之前发明所属技术领域所有的普通技术知识,能够获知该领域所有的现有技术,并且具有应用该日期之前常规实验手段的能力,但他不具有创造能力。如果所要解决的技术问题能够促使本领域的技术人员在其他技术领域寻找技术手段,他也应具有从该其他技术领域获知该申请日或优先权日之前的相关现有技术、普通技术知识和常规实验手段的能力。

44. 如何判断发明和实用新型专利申请的实用性?

实用性,是指该发明或者实用新型能够制造或者使用,并且能够产生积极效果。这里的"能够制造或者使用"是指申请发明或者实用新型专利的技术方案具有在产业中被制造或者使用的可能性,而非现实性。所谓在产业上能够制造或者使用的技术方案,是指符合自然规律、具有技术特征的任何可实施且具有再现性的技术方案。能够产生积极效果,是指发明或者实用新型专利申请在提出申请之日,其产生的经济、技术和社会的效果是所属技术领域的技术人员可以预料到的。这些效果应当是积极的和有益的。

无再现性、违背自然规律、利用独一无二的自然条件的产品、人体或者动物体的非治疗目的的外科手术方法、测量人体或者动物体在极限情况下的生理参数的方法、无积极效果的技术方案被认为不具有实用性。

实用性的判断以申请日提交的说明书（包括附图）和权利要求书所公开的整体技术内容为依据，但不考虑所申请的发明或者实用新型是怎样创造出来的或者是否已经实施。

45. 两个或多个产品组合到一起能否申请专利？

这种情况称为组合发明。它是指将某些技术方案进行组合，构成一项新的技术解决方案，以解决现有技术客观存在的技术问题。

对组合发明创造性的判断通常需要考虑：组合后的各技术特征在功能上是否彼此相互支持、组合的难易程度、现有技术中是否存在组合的启示以及组合后的技术效果等。如果组合的各技术特征在功能上彼此支持，并取得了新的技术效果，或者说组合后的技术效果比每个技术特征效果的总和更优越，则这种组合被认为具有突出的实质性特点和显著的进步，发明具备创造性。其中组合发明的每个单独的技术特征本身是否完全或部分已知并不影响对该发明创造性的评价。新的技术效果包括增加功能、增强原功能、降低成本、简化结构等。

如果要求保护的发明仅仅是将某些已知产品或方法组合或连接在一起，各自以其常规的方式工作，而且总的技术效果是各组合部分效果之总和，组合后的各技术特征之间在功能上无相互作用关系，仅仅是一种简单的叠加，则这种组合发明不具备创造性。此外，如果组合仅仅是公知结构的变型，或者组合处于常规技术继续发展的范围之内，而没有取得预料不到的技术效果，则这样的组合发明不具备创造性。

46. 是否可以从别人的专利中摘取一两个技术要点申请专利？

这种情况被称为选择发明。它是指从现有技术中公开的宽范围中，有目的地选出现有技术中未提到的窄范围或个体的发明。在进行选择发明创造性的判断时，选择所带来的预料不到的技术效果是考虑的主要因素。

（1）如果选择使得发明取得了预料不到的技术效果，则该发明具有突出的实质性特点和显著的进步，具备创造性。

（2）如果发明仅是从一些已知的可能性中进行选择，或者发明仅仅是从一些具有相同可能性的技术方案中选出一种，而选出的方案未能取得预料不到的技术效果，则该发明不具备创造性。

（3）如果发明是在可能的、有限的范围内选择具体的尺寸、温度范围或者其他参数，而这些选择可以由本领域的技术人员通过常规手段得到并且没有产生预料不到的技术效果，则该发明不具备创造性。

（4）如果发明是可以从现有技术中直接推导出来的选择，则该发明不具备创造性。

47. 如果将已有技术用到其他技术领域能否申请专利？

这种情况被称为转用发明。它是指将某一技术领域的现有技术转用到其他技术领域的发明。在进行转用发明创造性的判断时通常需要考虑：转用的技术领域的远近、是否存在相应的技术启示、转用的难易程度、是否需要克服技术上的困难、转用所带来的技术效果等。

（1）如果这种转用能够产生预料不到的技术效果，或者克服了原技术领域未曾遇到的困难，则这种转用发明具有突出的实质性特点和显著的进步，具备创造性。

（2）如果转用是在类似的或者相近的技术领域之间进行的，并且未产生预料不到的技术效果，则这种转用发明不具备创造性。

48. 发现了已知产品的新用途能否申请专利？

这种情况被称为已知产品的新用途发明。它是指将已知产品用于新的目的的发明。在进行已知产品新用途发明创造性的判断时通常需要考虑：新用途与现有用途技术领域的远近、新用途所带来的技术效果等。

（1）如果新的用途是利用了已知产品新发现的性质，

并且产生了预料不到的技术效果，则这种用途发明具有突出的实质性特点和显著的进步，具备创造性。

（2）如果新的用途仅仅是使用了已知材料的已知的性质，则该用途发明不具备创造性。

49. 产品的技术要素发生变更能否申请专利？

这种情况被称为要素变更的发明，包括要素关系改变的发明、要素替代的发明和要素省略的发明。对此类发明进行创造性判断时通常需要考虑：要素关系的改变、要素替代或省略是否存在技术启示、其技术效果是否可以预料等。

（1）要素关系改变的发明，是指发明与现有技术相比，其形状、尺寸、比例、位置及作用关系等发生变化。如果要素关系的改变导致发明产生了预料不到的技术效果，则发明具有突出的实质性特点和显著的进步，具备创造性。如果要素关系的改变没有导致发明效果、功能及用途的变化，或者发明效果、功能及用途的变化是可预料到的，则发明不具备创造性。

（2）要素替代的发明，是指已知产品或方法的某一要素由其他已知要素替代的发明。如果要素的替代能使发明产生预料不到的技术效果，则该发明具有突出的实质性特点和显著的进步，具备创造性。如果发明是相同功能的已知手段的等效替代，或者是为解决同一技术问题，用已知最新研制出的具有相同功能的材料替代公知产品中的相应材料，或者是用某一公知材料替代公知产品中的某材料，而这种公知材料的类似应用是已知的，且没有产生预料不到的技术效果，则该发明不具备创造性。

（3）要素省略的发明，是指省去已知产品或者方法中的某一项或多项要素的发明。如果发明与现有技术相比，发明省去一项或多项要素（如一项产品发明省去一个或多个零部件，或者一项方法发明省去一步或多步工序）后，依然保持原有的全部功能，或者带来预料不到的技术效果，则具有突出的实质性特点和显著的进步，该发明具备创造性。如果发明省去一项或多项要素后其功能也相应地消失，则该发明不具备创造性。

50. 有了想法可以申请专利吗？还是一定要把产品生产出来才能申请专利？

在没有生产出产品之前是可以申请专利的，但是这不意味着只有一个简单的想法或一张图纸就行。专利是一种技术方案，有了想法，还要具有实现这一想法的技术方案才可以申请专利。当然，这一申请要想获得授权，还需要符合专利法所要求的授权条件。所以，只要技术方案已经确定，一般大公司都会先申请专利。有时，尽管技术不完善，也先申请专利，待到以后技术成熟后再要求优先权，获得全面的专利保护。需要强调的是，如果因故不能及时申请，就要注意做好技术保密工作。

第二节 授予专利权的消极条件

51. 根据我国《专利法》，哪些情形不能授予专利权？

根据《专利法》第 5 条、第 25 条等规定，如下几种情况是不能授予专利权的。

（1）违反法律、社会公德或者妨害公共利益的发明创造。

发明创造以致人伤残或损害财物为手段的，发明创造的实施或使用会严重污染环境、严重浪费能源或资源、破坏生态平衡、危害公众健康的，专利申请的文字或者图案涉及国家重大政治事件或宗教信仰、伤害人民感情或民族感情或者宣传封建迷信的，不能被授予专利权。但是，如果发明创造因滥用可能妨害公共利益，或者发明创造在产生积极效果的同时存在某种缺点，例如对人体有某种副作用的药品，则不能以"妨害公共利益"为由拒绝授予专利权。

对于部分违反法律、社会公德或者妨害公共利益的专利申请，申请人删除违法部分后可以授予专利权。但如果申请人不同意删除违法部分，则不能授予专利权。

（2）对违反法律、行政法规的规定获取或者利用遗传资源，并依赖该遗传资源完成的发明创造。

这里所称的遗传资源，是指取自人体、动物、植物或者微生物等含有遗传功能单位并具有实际或者潜在价值的材料。依赖遗传资源完成的发明创造，是指利用遗传资源的遗传功能完成的发明创造。违反法律、行政法规的规定获取或者利用遗传资源，是指遗传资源的获取或者利用未按照我国有关法律、行政法规的规定事先获得有关行政管理部门的批准或者相关权利人的许可。

（3）科学发现。

科学发现，是指对自然界中客观存在的物质、现象、变化过程及其特性和规律的揭示。科学理论是对自然界认识的总结，是更为广义的发现。科学发现与发明有本质的不同。科学发现的对象——物质、现象、过程、特性和规律属于自然界中客观存在的事物，无论人们发现与否，它都不依人的意志为转移而存在，且不同于改造客观世界的技术方案，不是专利法意义上的发明创造，因此不能被授予专利权。

（4）智力活动的规则和方法。

智力活动的规则和方法是指导人们进行思维、表述、判断和记忆的规则和方法。由于其没有采用技术手段或者利用自然规律，也未解决技术问题和产生技术效果，因而不构成技术方案，不能被授予专利权。如审查专利申请的方法、管理方法及制度、交通行车规则、时间调度表、比赛规则、图书分类规则、日历的编排规则和方法等，均属此类。

如果一项权利要求仅仅涉及智力活动的规则和方法,则不应当被授予专利权。但是,如果一项权利要求既包含智力活动的规则和方法,又包含技术特征,则有可能获得专利权。

(5)疾病的诊断和治疗方法。

疾病的诊断和治疗方法,是指以有生命的人体或者动物体为直接实施对象,进行识别、确定或消除病因或病灶的过程。出于人道主义的考虑和社会伦理的原因,医生在诊断和治疗过程中应当有选择各种方法和条件的自由。另外,这类方法直接以有生命的人体或动物体为实施对象,无法在产业上利用,不属于专利法意义上的发明创造。因此,疾病的诊断和治疗方法不能被授予专利权。但是,用于实施疾病诊断和治疗方法的仪器或装置,以及在疾病诊断和治疗方法中使用的物质或材料、药物均属于可被授予专利权的客体。

(6)动植物新品种。

此处所称动物不包括人。对动物和植物品种不授予专利,但可以通过专利法以外的其他法律法规保护,例如,植物新品种可以通过《中华人民共和国植物新品种保护条例》给予保护。需要注意的是,对动物和植物品种的生产方法和微生物,可以授予专利权。但这里的生产方法是指非生物学的方法,不包括生产动物和植物主要是生物学的方法。

(7)用原子核变换方法以及用原子核变换方法获得的物质。

原子核变换方法,是指使一个或几个原子核经分裂或者聚合，形成一个或几个新原子核的过程，如完成核聚变反应的磁镜阱法、封闭阱法以及实现核裂变的各种方法等。用原子核变换方法所获得的物质，主要是指用加速器、反应堆以及其他核反应装置生产、制造的各种放射性同位素。原子核变换方法和用该方法获得的物质关系到国家的经济、国防、科研和公共生活的重大利益，不宜为单位或私人垄断，因此不能被授予专利权。

但是，不属于原子核变换方法的粒子加速方法（如电子行波加速法、电子驻波加速法、电子对撞法、电子环形加速法等），为实现核变换方法的各种设备、仪器及其零部件等，同位素的用途以及使用的仪器、设备，是可以被授予专利权的。

（8）对平面印刷品的图案、色彩或者二者结合作出的主要起标识作用的设计。

如果一件外观设计专利申请同时满足如下三个条件，那么就不能被授予专利权：使用在平面印刷品上，平面印刷品的图案、色彩或者二者的结合，主要起标识作用。因为专利法保护的外观设计必须以产品为载体，构成外观设计的要素是产品整体或局部的形状、图案或者其结合以及色彩与形状、图案的结合，而且要适于工业应用。起标识作用的、使用在平面印刷品上的图案、色彩或二者的结合不是专利法所保护的工业品外观设计，不能被授予专利权。

此外，违背科学规律的发明，如永动机不符合能量守恒定律，不能被授予专利权。将在中国完成的发明或者实用新型向外国申请专利,未事先报国家知识产权局进行保密审查,在中国申请专利的,也不能被授予专利权。

52. 哪些发明创造不能授予实用新型专利权?

从实用新型的定义可以知道,实用新型专利的保护对象的范围比发明专利要窄。以下主题不能申请实用新型专利,但并不意味着不可以申请发明专利。

(1)各种方法及产品的用途。

(2)无确定形状的产品,如气态、液态、粉末状、颗粒状的物质或材料。

(3)单纯材料替换的产品,以及用不同工艺生产的同样形状、构造的产品。

(4)仅以平面图案设计为特征的产品,如棋、牌等。

(5)不可移动的建筑物。

直接作用于人体的电、磁、光、声、放射或其结合的医疗器具,因其关系到人们的健康和生命安全,因此对这类产品的实用新型专利申请进行审查甚至授予专利权,并不意味着该专利产品具备了市场准入条件,专利权人在实施该专利之前还应当根据相关法律法规的规定办理相应的审批手续。

53. 哪些设计不能授予外观设计专利权?

除违反法律、社会公德、妨害公共利益或明显不符合外观设计定义的申请不能授予专利权外,如下情况亦不能授予外观设计专利权。

(1) 取决于特定地理条件、不能重复再现的固定建筑物、桥梁等。

(2) 因其包含有气体、液体及粉末状等无固定形状的物质而导致其形状、图案、色彩不固定的产品。

(3) 产品不能分割、不能单独出售或使用的部分。

(4) 对于由多个不同特定形状或图案的构件组成的产品而言,如果构件本身不能成为一种有独立使用价值的产品,则该构件不属于可授予外观设计专利权的客体。

(5) 不能作用于视觉或者用肉眼难以判断的物品,如集成电路,或在放大镜下才能观察到的纺织品图案。

(6) 要求保护的外观设计不是产品本身常规的形态,如手帕本身原为四方形的平面产品,但若将手帕扎成花或鼠、兔等小动物的形状来申请专利是不可以的。

(7) 以自然物原有的形状、图案、色彩作为主体的设计。

(8) 纯属美术范畴的作品,如绘画、雕塑等不能给予外观设计专利保护。但一些小摆设、小雕像以及一些可以进行批量生产的工艺品可予以保护。

（9）在所属领域内具有一般知识或技能的人认为极容易进行的创作，如以通常的形状、图案为基础的设计，像三角形、长方形、圆形、梅花形、圆柱形、圆锥形、正多面体、正方形、水花纹、黑白相间的方格等常见的图案，这些均被认为是一般人员容易进行的、早已公知或公用的创作，不给予外观设计专利保护。

（10）模仿著名作品、著名建筑物、人物肖像的设计和图像，并将其原封不动地使用在申请专利的产品上，如把齐白石的画制成的地毯、仿照天坛祈年殿造型的胶水瓶，均不能授予外观设计专利权。如果外观设计专利申请中含有这些内容，需将申请文件中的这些内容作涂覆。

（11）商标是用于区别商品或服务的标记，不是产品本身，因此不属于工业品外观设计，不能被授予专利权。

（12）文字和数字的字型以及字音、字义一般不能作为外观设计专利申请的具体内容，但反复连续地按一定规律排列的图案化的文字可以视为图案受到保护。

54. 能否将他人的作品、商标等用作产品的外观设计申请专利权？

不能。专利法规定，授予专利权的外观设计不得与他人在申请日以前已经取得的合法权利相冲突。此处所称的合法权利，包括就作品、商标、地理标志、姓名、企业名称、肖像，以及有一定影响的商品名称、包装、装潢等享有的合法权利或者权益。人民法院受理的侵犯专利权纠纷案件，涉及上述权利冲突的，应当保护在先依法享有权利的当事人的合法权益。也就是说要保护版权人、商标权人等在先的合法利益，不保护在后的外观设计专利权。

55. 在我国，动植物新品种可否授予专利权？

并不是所有的产品和技术都可以申请专利，我国对动植物新品种就不授予专利权。如果动植物新品种是被"发现"的，作为科学发现，它就不属于专利法的保护客体。即使动植物新品种不是单纯地被"发现"，而是通过一定的研发和技术培育出来的，作为人类的创造物，理论上是符合新颖性、创造性和实用性的要求的，但依然不能被授予专利权。

在我国，对植物新品种的保护依据是《植物新品种保护条例》。根据该条例，对植物新品种赋予品种权保护。申请人一旦获得品种权，会享有 20 年或者 15 年类似于"专利权"的独占权利。品种权的授权条件要比专利宽松，授予品种权是为了鼓励农业科技工作者培育和使用植物新品种，促进农业、林业的发展。考虑伦理等方面的原因，我国对动物新品种不给予私权性质的保护。但是，为了培育动植物新品种所涉及的培育方法、田间管理、化合物配方、设备器材等新技术，是可以授予专利权的。也就是说，虽然动植物新品种本身不能申请专利，但是把这个"品种"生产出来的技术是可以申请专利的。

56. 集成电路布图设计能否申请专利？

不能。集成电路布图设计专有权又被称为工业版权，是一项介于专利权和版权之间的独立的知识产权种类，是权利持有人对其布图设计进行复制和商业利用的专有权利。布图设计专有权的主体是依法能够取得布图设计专有权的人，通常称为专有权人或权利持有人。

第三节 专利权的主体

57. 哪些人是发明人？

根据专利法规定，发明人或者设计人是指对发明创造的实质性特点作出创造性贡献的人。在完成发明创造过程中，只负责组织工作的人、为物质技术条件的利用提供方便的人或者从事其他辅助工作的人，不是发明人或者设计人。根据专利法规定，发明人或设计人具有署名权，职务发明的发明人或设计人还享有获得奖励和报酬、获得产权激励的权利。

58. 谁有权申请专利？专利权属于谁？

就职务发明创造而言，申请专利的权利属于发明人或者设计人所属单位；申请被批准后，该单位为专利权人。该单位可依法处置其职务发明创造申请专利的权利和专利权，促进相关发明创造的实施和运用。

非职务发明创造，申请专利的权利属于发明人或者设计人；申请被批准后，该发明人或者设计人为专利权人。对发明人或者设计人的非职务发明创造专利申请，任何单位或者个人不得压制。

利用本单位的物质技术条件所完成的发明创造，单位与发明人或者设计人订有合同，对申请专利的权利和专利权的归属作出约定的，从其约定。

两个以上单位或者个人合作完成的发明创造、一个单位或者个人接受其他单位或者个人委托所完成的发明创造，除另有协议的以外，申请专利的权利属于完成或者共同完成的单位或者个人；申请被批准后，申请的单位或者个人为专利权人。

59. 专利申请权和专利权可以转让吗？怎样转让？

专利申请权和专利权均可以转让。转让专利申请权或者专利权的，当事人应当订立书面合同，并向国家知识产权局登记，由国家知识产权局予以公告。专利申请权或者专利权的转让自登记之日起生效。除上述情形外，专利权因其他事由发生转移的，当事人应当凭有关证明文件或者法律文书向国家知识产权局办理专利权转移手续。

中国单位或者个人向外国人、外国企业或者外国其他组织转让发明或者实用新型专利申请权或者专利权的，除出具双方签字或者盖章的转让合同外，还应当出具国务院商务主管部门颁发的技术出口许可证或者自由出口技术合同登记证书，或者地方商务主管部门颁发的自由出口技术合同登记证书。受让方是港澳台地区的个人、企业或者其他组织的，参照上述要求办理。

60. 发明人、设计人是否为专利权人？

发明人、设计人是作出发明创造的自然人；专利权人是专利所有人及持有人的统称，即专利申请被批准时，被授予专利权的专利申请人。专利权人可以是自然人，也可以是单位。发明人、设计人可以是专利权人，也可以不是专利权人。例如，执行本单位的任务或者主要是利用本单位的物质技术条件所完成的发明创造为职务发明创造，发明人或者设计人是自然人，但是专利权是归属于单位的，即专利权人是单位；再如，发明人或者设计人接受委托完成的发明创造，双方可以约定专利权归委托方而不归发明人或者设计人。

61. 什么是职务发明创造？

执行本单位的任务或者主要是利用本单位的物质技术条件所完成的发明创造为职务发明创造。本单位包括临时工作单位。

执行本单位的任务所完成的职务发明创造，是指：（1）在本职工作中作出的发明创造；（2）履行本单位交付的本职工作之外的任务所作出的发明创造；（3）退休、调离原单位后或者劳动、人事关系终止后 1 年内作出的，与其在原单位承担的本职工作或者原单位分配的任务有关的发明创造。

本单位的物质技术条件，是指本单位的资金、设备、零部件、原材料或者不对外公开的技术资料等。

62. 职务发明创造的发明人、设计人有什么权利？如何奖励？

（1）职务专利的发明人、设计人有权在专利文件中写明自己是该专利的发明人、设计人。

（2）职务发明创造的专利申请权和专利权属于单位的，

发明人和设计人有获得奖励和报酬的权利。发明人和设计人可以通过与单位签订合同的方式约定奖励和报酬事项,单位也可以在其规章中规定奖励和报酬的方式和数额;如果合同和单位规章中都没有规定的,单位应该按照《专利法实施细则》的有关规定给予发明人或者设计人奖励和报酬。

(3)发明人或者设计人还可以通过产权激励方式分享创新收益。国家鼓励被授予专利权的单位实行产权激励,采取股权、期权、分红等方式,使发明人或者设计人合理分享创新收益。

(4)发明人或者设计人还可申报科研成果奖,作为技术职称晋升或者破格晋升的依据,还可以作为职务晋升的依据。

63. 职务发明创造与非职务发明创造的区别是什么?

职务发明创造的专利申请权和被批准后的专利权均属于该单位。非职务发明创造的专利申请权和被批准后的专利权均属于发明人或者设计人。利用本单位的物质技术条件所完成的发明创造,单位与发明人或者设计人可以通过合同对专利申请权和被批准后的专利权归属作出约定的,从其约定。权利归属制度是职务发明制度的核心内容,其本质就是界定发明人与所在单位之间就职务发明的利益分配关系。

64. 外国人可以在中国申请专利吗？如果可以，如何申请？

在中国有经常居所或者营业所的外国人、外国企业和外国其他组织有下列三种情况之一的，可以依法在我国申请专利：

（1）其所属国与我国签订的双边协议规定互相给予对方国民以专利保护的。

（2）其所属国和我国共同参加的国际条约规定互相给予对方国民以专利保护的，如申请人所属国是《保护工业产权巴黎公约》（以下简称《巴黎公约》）成员或者世界贸易组织成员。

（3）尽管其所属国和我国既没有签订双边协议，又没有共同加入国际条约，但对方在专利法中规定或者在实践中依照互惠原则给予我国国民以专利保护的。

在中国没有经常居所或者营业所的外国人、外国企业或者外国其他组织在中国申请专利和办理其他专利事务的，或者作为第一署名申请人与中国内地的申请人共同申请专利和办理其他专利事务的，应当委托依法设立的专利代理机构办理。

65. 港澳台地区的法人和居民如何在内地申请专利?

《专利法》第 18 条规定:"中国单位或者个人在国内申请专利和办理其他专利事务的,可以委托依法设立的专利代理机构办理。"根据该规定,对在大陆有经常居所或者营业所的港澳台居民和法人在内地申请专利和办理其他专利事务的,可以委托专利代理机构办理,也可以由申请人自己办理。在中国内地没有经常居所或者营业所的香港、澳门、台湾地区的申请人向国家知识产权局提出专利申请和办理其他专利事务,或者作为第一署名申请人与内地的申请人共同申请专利和办理其他专利事务的,应当委托专利代理机构办理。

应委托而未委托专利代理机构的,审查员应当发出审查意见通知书,通知申请人在指定期限内答复。申请人在指定期限内未答复的,审查员应当发出视为撤回通知书;申请人陈述意见或者补正后仍不符合规定的,该专利申请应当被驳回。委托书不符合规定的,审查员应当发出补正通知书,通知专利代理机构在指定期限内补正。期满未答复的,审查员应当发出视为撤回通知书;补正后仍不符合规定的,该专利申请应当被驳回。

对于第一署名申请人是在中国内地没有经常居所或者营业所的香港、澳门或者台湾地区申请人的专利申请,在办理解除委托或者辞去委托手续时,申请人(或专利权人）应当同时委托新的专利代理机构，否则不予办理解除委托或者辞去委托手续。

对于应委托而没有委托专利代理机构的，或者直接从香港、澳门或者台湾地区向国家知识产权局邮寄专利申请文件的。国家知识产权局不予受理。

66. 中国的申请人如何向外国申请专利？

中国单位或者个人提出国际申请的，可通过下列两种途径：

（1）《巴黎公约》规定的途径：首先在国家知识产权局申请，在获得申请日之后，发明和实用新型专利申请自申请日起12个月内，外观设计专利申请自申请日起6个月内，向外国提出申请。（需该国与中国有优先权协定）

（2）《专利合作条约》（PCT）途径：可在国家知识产权局直接通过PCT申请。

第三章 专利的申请

第一节　专利申请相关问题

67. 一项发明创造在申请专利前应考虑哪些问题？

（1）该发明创造是不是专利法中所称的发明创造，能不能授予专利权，即是否符合专利法相关规定和要求。

（2）如果该发明创造属于专利法保护的内容，还要进一步考虑该发明创造的用途，比如是用于市场竞争还是用于申报高新技术企业，是用于主动攻击竞争对手还是用于侵权防御，申请专利能不能实现自己的目的。

（3）明确了申请专利的目的，就需要进一步考虑是申请发明专利、实用新型专利还是外观设计专利。因为三种专利的保护对象不同，对专利性要求的高度不同，审批程序不同，保护期限也不同，究竟申请哪种专利需要进一步分析。首先，该发明创造是产品还是方法？如果是方法就只能申请发明专利，而不能申请实用新型和外观设计专利。如果是产品，就要看这种发明创造是否具有结构、形状特征，还应考虑该发明创造的结构特征是为了解决技术问题还是为了增加产品的美感。如果是后者，则只能申请外观设计专利，如果是前者，并且该发明创造的结构特征或形状特征可由六面视图表达清楚的，也可申请外观设计专利。否则就只能申请发明或者实用新型专利。如果技术特征表现为裸露于外表的结构，那就既可申请实用新型（或发明）专利，又可申请外观设计专利。究竟要申请何种专利，需要发明人基于各种专利保护范围、保护期限、专利性高低、审查周期等的不同，结合专利申请目的、技术生命周期等综合考量。

68. 专利申请前为什么要进行新颖性检索？

　　新颖性是发明创造取得专利保护的重要条件之一，申请人在专利申请前进行新颖性检索是十分必要的。现有专利文献已浩如烟海，再加上非专利文献，申请人仅以自己掌握的信息来判断发明创造的新颖性是远远不够的，必须通过信息检索去判断发明创造的新颖性。倘若检索后发现欲申请专利的发明创造不具有新颖性，那么应停止专利申请，避免不必要的损失。倘若检索后发现发明创造具有新颖性和创造性，专利申请工作就可以继续进行。此外，利用信息检索有助于充分了解欲申请专利的发明创造，从而准确地划定专利保护范围，避免专利申请因保护范围过窄而带来的利益损失，也防止因保护范围过宽而使权利要求不具备新颖性或创造性。

69. 专利申请要遵循什么原则?

（1）形式法定原则。即申请人进行专利申请时需要将各项手续以书面形式或者国家规定的其他形式办理，才能产生法律效力。

（2）先申请原则。即两个或两个以上申请人先后就同样内容的发明创造申请专利的，专利授予最先申请的人。禁止对同样的发明创造授予多项专利权，是为了防止权利之间存在冲突。

（3）单一性原则。即一发明一申请原则。一份专利申请文件只能对一项发明创造提出专利申请。若提出的两项及以上发明或实用新型申请是基于一个总的发明构思，可以作为一件申请提出；如果专利申请为外观设计，不仅要基于一个总的发明构思，还要求该两项及以上申请为成套出售或者使用的产品，才可以作为一件专利进行提出申请。

（4）优先权原则。"优先权"是指申请人提出的在后申请与其他人在其首次申请的申请日之后、在后申请的申请日之前就同一主题所提出的申请相比，享有优先的地位。根据《专利法》规定，申请人自发明或者实用新型在外国第一次提出专利申请之日起12个月内，或者自外观设计在外国第一次提出专利申请之日起6个月内，又在中国就相同主题提出专利申请的，依照该外国同中国签订的协议或者共同参加的国际条约，或者依照相互承认优先权的原则，可以享有优先权。申请人自发明或者实用新型在中国第一次提出专利申请之日起12个月内，或者自外观设计在中国第一次提出专利申请之日起6个月内，又向国家知识产权局就相同主题提出专利申请的，可以享有优先权。

70. 不同申请人提出相同的专利申请，如何处理？

不同申请人就同样的发明创造先后分别提出申请，适用先申请原则。在先申请授权后，国家知识产权局向在后申请的申请人发出审查意见通知书，指出该在后申请不符合专利法的规定。申请人期满未答复的，该在后申请被视为撤回；经申请人陈述意见之后仍不符合专利法规定的，将驳回在后申请。

不同申请人就同样的发明创造在同一日分别提出申请，并且这两份申请符合授予专利权的其他条件的，通知申请人自行协商确定申请人。申请人期满未答复的，两份申请均被视为撤回；协商不成，或者经申请人陈述意见或进行修改后仍不符合《专利法》第9条规定的，对两份申请均予以驳回。

71. 同一内容是否可以同时申请发明专利和实用新型专利？

专利法规定，同样的发明创造只能授予一项专利权。

但是，同一申请人同日对同样的发明创造既申请实用新型专利又申请发明专利，先获得的实用新型专利权尚未终止，且申请人声明放弃该实用新型专利权的，可以授予发明专利权。因此，申请人是可以就同样的发明创造同时申请发明专利和实用新型专利的。

实用新型专利不需要实质审查，授权快，对于急需专利如要参展或将产品投放市场的申请人而言，先获得一个实用新型专利有利于维权、宣传推广和资质认证等。在发明专利答复时，再作出放弃实用新型专利的声明。根据专利法的规定，为获得发明专利授权而作出的放弃实用新型专利权的声明，其生效条件是发明专利授权，如果发明专利无法授权，该放弃实用新型专利权的声明也不会生效，从而实现发明专利与实用新型专利的无缝对接。

72. 怎样判断两项或两项以上的发明或实用新型属于一个总的发明构思？

根据《专利法实施细则》的规定，可以作为一件专利申请提出的属于一个总的发明构思的两项以上的发明或者实用新型，应当在技术上相互关联，包含一个或者多个相同或者相应的特定技术特征，其中特定技术特征是指每一项发明或者实用新型作为整体，对现有技术作出贡献的技术特征。也就是说，属于一个总的发明构思的两项以上的发明在技术上必须相互关联，这种相互关联是以相同或者相应的特定技术特征表示在它们的权利要求中的。

所谓的特定技术特征是专门为评定专利申请单一性而提出的一个概念，是指为体现发明对现有技术作出贡献的技术特征，也就是使发明相对于现有技术具有新颖性和创造性的技术特征，并且应当从每一项要求保护的发明的整体上考虑后加以确定。因此，属于一个总的发明构思是指具有相同或者相应的特定技术特征。

73. 什么是专利分案申请？分案申请的要求是什么？

分案申请是指一件专利申请包括两项以上发明、实用新型或者外观设计的，申请人最迟应当在收到国家知识产权局对原申请作出授予专利权通知书之日起两个月内向国家知识产权局提出分案申请，即将一项专利申请分立成两项以上的专利申请的申请，上述期限届满、原申请已被驳回或撤回、原申请视为撤回且未被恢复权利的，一般不得再提出分案申请。分案申请可以将专利保护得更周全。

分案申请应当满足如下要求：

（1）分案申请应当在其说明书的起始部分，即发明所属技术领域之前，说明本申请是哪一件申请的分案申请，并写明原申请的申请日、申请号和发明创造名称。在提交分案申请时，应当提交原申请文件的副本；要求优先权的，还应当提交原申请的优先权文件副本。

（2）分案申请的内容不得超出原申请记载的范围。原申请中包含两项以上外观设计的，分案申请应当是原申请中的一项或几项外观设计，并且不得超出原申请表示的范围。原申请为产品整体外观设计的，不允许将其中的一部分作为分案申请提出。

（3）分案以后的原申请与分案申请的权利要求书应当分别要求保护不同的发明；而它们的说明书可以允许有不同的情况。

74. 如何进行分案申请？

一件专利申请包括两项以上发明的，申请人可以主动提出或者依据审查员的审查意见提出分案申请。分案申请应当以原申请为基础提出，应当与原申请的类别一致，并应当在请求书中填写原申请的申请号和申请日；对于已提出过分案申请，申请人需要针对该分案申请再次提出分案申请的，还应当在原申请的申请号后的括号内填写该分案申请的申请号。

提出分案申请的，应当在请求书的分案申请栏内填写原申请的申请日和申请号，原申请的申请日即为分案申请的申请日。分案申请的各种法定期限，例如提出实质审查请求的期限，应当从原申请日起算。对于已经届满或者自分案申请递交日起至期限届满日不足2个月的各种期限，申请人可以自分案申请递交日起2个月内或者自收到受理通知书之日起15日内补办各种手续；期满未补办的，视为撤回申请。

对于分案申请,应当视为一件新申请收取各种费用。对于已经届满或者自分案申请递交日起至期限届满日不足 2 个月的各种费用,申请人可以在自分案申请递交日起 2 个月内或者自收到受理通知书之日起 15 日内补缴;期满未补缴或未缴足的,视为撤回申请。

75. 什么是本国优先权与外国优先权?

优先权原则最先出现在《巴黎公约》中,目的是方便缔约方国民就其发明创造在本国提出专利申请之后,在其他缔约方申请获得专利权。所谓的优先权就是指申请人在《巴黎公约》一个缔约方首次提出申请后,在一定期限内就相同主题向另一缔约方提出申请的,其在后申请被视为是在首次提出申请的申请日提出。

我国专利法关于优先权的规定分为外国优先权和本国优先权。本国优先权是指,申请人自发明或者实用新型在中国第一次提出专利申请之日起 12 个月内,或者自外观设计在中国第一次提出专利申请之日起 6 个月内,又向国家知识产权局就相同主题提出专利申请的,可以享有优先权。

外国优先权是指,申请人自发明或者实用新型在外国第一次提出专利申请之日起 12 个月内,或者自外观设计在外国第一次提出专利申请之日起 6 个月内,又在中国就相同主题提出专利申请的，依照该外国同中国签订的协议或者共同参加的国际条约，或者依照相互承认优先权的原则，可以享有优先权。

76. 什么样的发明创造可申请保密专利？

根据专利法规定，涉及国家安全或者重大利益的发明创造，需要按照有关规定申请保密专利。一般而言，涉及国防利益的发明创造主要是指国防专用或者对国防有重大价值的发明创造；涉及国防利益以外的国家安全或者重大利益的发明创造是指涉及国防利益以外的，公开后会影响国家的防御能力，损害国家的政治、经济利益或削弱国家的经济、科技实力的发明创造。申请保密专利的发明创造不包括外观设计。

保密申请的审查程序不同于一般发明或者实用新型专利申请的审查程序，例如，发明专利申请无公布程序，授权公告内容较少，专利证书不包括专利单行本等。保密审查可以是申请人主动提出，也可以由国家知识产权局自行确定。

77. 目前国内哪些地方设有专利代办处？

目前国家知识产权局专利局在北京、沈阳、济南、长沙、成都、南京、上海、广州、西安、武汉、郑州、天津、石家庄、哈尔滨、长春、昆明、贵阳、杭州、重庆、深圳、福州、南宁、乌鲁木齐、南昌、银川、合肥、苏州、海口、兰州、太原等城市设立代办处。查询国家知识产权局专利局专利代办处信息可登录 http://www.cnipa.gov.cn/zldbc/。

78. 中国申请人向外国申请专利前需要注意什么？

任何单位或者个人将在中国完成的发明或者实用新型向外国申请专利或者向有关国外机构提交专利国际申请前，应当向国家知识产权局提出向外国申请专利保密审查请求。经保密审查确定涉及国家安全或者重大利益需要保密的，任何单位或者个人不得就该发明或者实用新型的内容向外国申请专利。

提出向外国申请专利前的保密审查请求有下列三种方式：

（1）以技术方案形式单独提出保密审查请求。以该种方式提出请求的，申请人应当提交向外国申请专利保密审查请求书和技术方案说明书，并采用书面形式将文件当面交到国家知识产权局的受理窗口或寄交至国家知识产权局受理处。

（2）申请中国专利的同时或之后提出保密审查请求。以该种方式提出请求的，申请人应当提交向外国申请专利保密审查请求书。

（3）向国家知识产权局提交专利国际申请的，视为同时提出了保密审查请求，不需要单独提交向外国申请专利保密审查请求书。

79. 违反中国的法律，但不违反国外法律的发明创造，能否申请国外专利？

只要该专利申请符合受理条件，当然是指不涉及发明创造内容的条件，如具备专利的"三性"，但违反中国法律、社会公德和妨害公共利益的发明创造，就能够被国家知识产权局受理并取得申请号。有了申请号，就可以要求国外优先权，就能够申请国外专利。当然也可以通过《专利合作条约》（PCT）进行国际申请。但需注意的是，任何单位或个人将其在国内完成的发明或实用新型向外国申请专利的，应当事先报经国家知识产权局进行保密审查。

80. 什么是专利族、同族专利和基本专利？

因为专利权的地域性，在一个国家授权的专利只能在该国获得有效保护，要想使一项发明创造在多国获得保护，必须将该发明创造向多国申请专利，由此产生了专利族，即同一项发明创造在多个国家申请专利而产生的一组内容相同或基本相同的文件出版物，称为一个专利族。在同一专利族中,每件文件出版物互为同族专利,在每一专利族中,向第一国申请专利的文件出版物为基本专利。

第二节 专利申请文件

81. 申请发明专利需要提交什么文件?

申请发明专利需要提交如下申请文件:发明专利请求书、说明书摘要(必要时应当提交摘要附图)、权利要求书、说明书(必要时应当提交说明书附图)各一式两份。

涉及氨基酸或者核苷酸序列的发明专利申请,说明书中应当包括该序列表,把该序列表作为说明书的一个单独部分提交,并单独编写页码,同时还应提交符合国家知识产权局规定的记载有该序列表的光盘或软盘。

依赖遗传资源完成的发明创造申请专利的,申请人应当在请求书中对遗传资源的来源予以说明,并填写遗传资源来源披露登记表,写明该遗传资源的直接来源和原始来源。申请人无法说明原始来源的,应当陈述理由。

82. 申请实用新型专利需要提交什么文件?

申请实用新型专利需要提交如下文件:实用新型专利

请求书、说明书摘要及其摘要附图、权利要求书、说明书、说明书附图各一式两份。

83. 申请外观设计专利需要提交什么文件？

申请外观设计专利需要提交如下申请文件：外观设计专利请求书、该外观设计的图片或者照片，各一式两份。要求保护色彩的，还应当提交彩色图片或者照片各一份。如对图片或照片需要说明的，应当提交外观设计的简要说明一式两份。申请人提交的有关图片或者照片应当清楚地显示要求专利保护的产品的外观设计。

84. 专利请求书的填写有什么要求？

请求书是确定发明、实用新型或外观设计三种类型专利申请的依据。发明、实用新型或外观设计专利申请的请求书应当写明下列事项。

（1）发明、实用新型或者外观设计的名称。

（2）申请人是中国单位或者个人的，其名称或者姓名、地址、邮政编码、组织机构代码或者居民身份证件号码；申请人是外国人、外国企业或者外国其他组织的，其姓名或者名称、国籍或者注册的国家或者地区。

（3）发明人或者设计人的姓名。

(4) 申请人委托专利代理机构的，受托机构的名称、机构代码以及该机构指定的专利代理人的姓名、执业证号码、联系电话。

(5) 要求优先权的，申请人第一次提出专利申请的申请日、申请号以及原受理机构的名称。

(6) 申请人或者专利代理机构的签字或者盖章。

(7) 申请文件清单。

(8) 附加文件清单。

(9) 其他需要写明的有关事项。其他事项主要是指以下内容：

① 申请人的国籍；申请人是企业或其他组织的，是其总部所在地的国家。

② 申请人为两人以上或单位申请但未委托代理机构的，应当指定一名自然人为代表人，并注明联系人姓名、地址、邮政编码及联系电话。

③ 分案申请（已驳回、撤回或视为撤回的申请，不能提出分案申请）的专利类型应与原案申请一致，并注明原案申请号、申请日，否则将不按分案申请处理。要求本国优先权的发明或实用新型，在请求书中要注明在先申请的国别、申请日、申请号，并于在先申请日起一年内提交。

此外，还有申请文件清单、附加文件清单等。

85. 什么是权利要求书？有什么作用？

权利要求书是说明要求专利保护范围的专利申请文件，是专利申请文件的核心。第一，它是判断侵权的依据。判断是否侵权时，将涉嫌侵权的产品与权利要求保护范围进行对比，从而确定是否侵权。第二，它是专利权保护的依据。根据专利法的规定，发明或者实用新型专利权的保护范围以其权利要求的内容为准，说明书及附图可以用于解释权利要求的内容。第三，它是申请日后修改的基础。专利法规定，申请人可以对其专利申请文件进行修改，但是，对发明和实用新型专利申请文件的修改不得超出原说明书和权利要求书记载的范围。

86. 权利要求书包括的权利要求有哪些？

权利要求书应当有独立权利要求，也可以有从属权利要求。独立权利要求应当写在同一发明或者实用新型的从属权利要求之前。

（1）独立权利要求，又称"独立权项"或"主权项"。独立权利要求应当从整体上反映发明或者实用新型方案，记载解决技术问题的必要的技术特征，无须用其他权利要求来确定其范围和含义的完整权利要求。一般而言,一项发明或者实用新型应当只有一个独立权利要求。但如果一件专利申请中包含属于一个总的发明构思的两项以上的发明或实用新型时,每项发明或实用新型应当各自有一个独立权利要求。在每个独立权利要求后面可以有若干个从属权利要求。但不能把所有的独立权利要求先写在前面,后面再集中写所有的从属权利要求。

(2)从属权利要求,又称"从属权项",是跟随独立权利要求之后,用附加的技术特征对引用的权利要求(包括独立或从属权利要求)作进一步限定的权利要求。从属权利要求是独立权利要求的下位权利要求,是对独立权利要求的限定,本身必定落入独立权利保护范围之内,但通过增加新的技术特征进一步优化和限定独立权利要求。

从属权利要求保护的发明与独立权利要求保护的发明相同,但反映更加具体。从属权利要求可以从属于独立权利要求,也可以从属于在前的从属权利要求。从属权利要求的内容一般包括其所引用的前述权利要求和需要进一步说明的内容两部分。

权利要求书有几项权利要求的,应当用阿拉伯数字顺序编号。

87. 如何撰写权利要求书?

权利要求书应当记载发明或者实用新型的技术特征。权利要求书应当有独立权利要求,也可以有从属权利的要求。权利要求书的撰写要求如下。

（1）应说明发明或实用新型的技术特征，清楚和简要地表述请求保护的范围。权利要求书有几项权利要求的，应当用阿拉伯数字顺序编号。权利要求书中使用的科技术语应当与说明书中的一致，可以有化学式或者数学式，但是不得有插图。除绝对必要的外，不得使用"如说明书……部分所述"或者"如图……所示"的用语。

权利要求中的技术特征可以引用说明书附图中相应的标记，该标记应当放在相应的技术特征后并置于括号内，便于理解权利要求。附图标记不得解释为对权利要求的限制。

（2）独立权利要求应当从整体上反映发明或实用新型的主要技术内容，记载构成发明或实用新型必要的技术特征。一项发明或者实用新型应当只有一个独立权利要求，并写在同一发明或者实用新型的从属权利要求之前。发明或实用新型的独立权利要求应当包括前序部分和特征部分。

前序部分要写明要求保护的发明或者实用新型技术方案的主题名称，以及发明或者实用新型主题与最接近的现有技术共有的必要技术特征；特征部分使用"其特征是……"或者类似的用语，写明发明或者实用新型区别于最接近的现有技术的技术特征。这些特征和前序部分写明的特征合在一起，限定发明或者实用新型要求保护的范围。可以将独立权利要求的写法总结为：独立要求 = 主题名称 + A 类必要技术特征（逗号，其特征在于）+ B 类必要技术特征。

发明或者实用新型的性质不适于用前款方式表达的，独立权利要求可以用其他方式撰写。

（3）从属权利要求应与《专利法实施细则》的表述一致。附加技术特征，对所引用的权利要求作进一步限定。附加技术特征可以是对被引用权利要求的技术特征作进一步限定的技术特征，也可以是另外增加的技术特征。

发明或实用新型的从属权利要求应当由引用和限定两部分构成。引用部分应当写明引用的权利要求的编号及其主题名称；限定部分要写明发明或实用新型附加的技术特征。

从属权利要求只能引用在前的权利要求。引用两项以上权利要求的多项从属权利要求，只能以择一方式引用在前的权利要求，并不得作为另一项多项从属权利要求的基础。

88. 什么是专利产品的技术特征、必要技术特征、非必要技术特征？

解决发明创造技术问题的方案称为技术特征。解决发明创造技术问题的方案中必不可少的特征称为必要技术特征。缺乏任一必要技术特征，技术问题不能解决。解决发明创造技术问题的方案中可有可无的特征称为非必要技术特征。缺乏任一非必要技术特征，技术问题仍旧可以解决。必要技术特征中不同于对比文件（最接近的现有技术）的技术特征称为区别技术特征（至少有新颖性）。每一项发明或者实用新型作为整体对现有技术作出贡献的技术特征称为特定技术特征（有创造性）。

89. 发明或者实用新型专利的说明书应包括哪些内容？

发明或者实用新型专利申请的说明书应当写明发明或者实用新型的名称，该名称应当与请求书中的名称一致。说明书应当包括下列内容。

（1）技术领域：写明要求保护的技术方案所属的技术领域。

（2）背景技术：写明对发明或者实用新型的理解、检索、审查有用的背景技术；有可能的，并引证反映这些背景技术的文件。

（3）发明内容：写明发明或者实用新型所要解决的技术问题以及解决其技术问题采用的技术方案，并对照现有技术写明发明或者实用新型的有益效果。

（4）附图说明：说明书有附图的，对各幅附图作简略说明。

（5）具体实施方式：详细写明申请人认为实现发明或者实用新型的优选方式；必要时，举例说明；有附图的，对照附图。

发明或者实用新型专利申请人应当按照上述规定的方

式和顺序撰写说明书，并在说明书每一部分前面写明标题，除非其发明或者实用新型的性质用其他方式或者顺序撰写能节约说明书的篇幅并使他人能够准确理解其发明或者实用新型。

发明或者实用新型说明书应当用词规范、语句清楚，并不得使用"如权利要求……所述的……"一类的引用语，也不得使用商业性宣传用语。

发明专利申请包含一个或者多个核苷酸或者氨基酸序列的，说明书应当包括符合国家知识产权局规定的序列表。申请人应当将该序列表作为说明书的一个单独部分提交，并按照国家知识产权局的规定提交该序列表的计算机可读形式的副本。

实用新型专利申请说明书应当有表示要求保护的产品的形状、构造或者其结合的附图。

90. 如何撰写说明书？

说明书包含对专利的介绍和对专利权利的要求，是对专利内容的清楚、完整、详细说明，是申请人在申请专利时所必须提交的一种技术文书。专利制度的公开性就是通过公布专利申请说明书来实现的。此外，它还用于支持专利申请权利请求，并在确定发明或者实用新型专利权的保护范围时用来解释权利要求。

（1）说明书的一般要求：

① 应清楚、完整地写明发明或实用新型的内容，使所属技术领域的普通专业人员能够根据此内容实施发明创造。说明书中不能隐瞒任何实质性的技术要求。

② 说明书中各部分内容，一般以单独段落进行阐述为好。

③ 说明书中要保持用词的一致性。要使用该技术领域通用的名词和术语，不要使用行话，但是其以特定意义作为定义使用时，不在此限。

④ 使用国家计量部门规定的国际通用计量单位。

⑤ 说明书中可以有化学式、数学式。说明书附图应附在说明书之后。

⑥ 说明书题目和正文中不能使用商业性宣传用语和不确切的语言，不能使用以地点、人名等命名的名词，不能出现商标、产品广告、服务标志等，也不能出现对他人或他人的发明创造进行诽谤或贬低的内容。

⑦ 涉及外文技术文献或无统一译名的技术名词时，要在译文后注明原文。

（2）说明书的结构和内容：《专利法实施细则》规定了说明书八个部分的内容及行文的顺序，除发明或实用新型名称外，一般情况下，各部分应当至少使用一个自然段，但不用加序号和列标题。

① 发明或实用新型的名称。名称应当与请求书中名称一致，简洁、明确表达发明或实用新型的主题，表明或反映发明是产品还是方法，还应尽量反映出发明或实用新型对象的用途或应用领域，不能使用与发明创造技术无关的

词来命名。对于符合单一性的两项或两项以上的发明或实用新型申请,应当将它们在名称中同时反映出来。名称字数控制在 25 个字以内,写在说明书首页的顶部居中位置,下空一行写说明书正文。

② 发明或实用新型所属的技术领域。所属技术领域是正文的第一自然段落,一般用一句话说明该发明或实用新型所属的技术领域,或所应用的技术领域。这里的技术领域是指特定的技术领域,如"半导体制造""碳氢化合物",而不是"物理""化学"等广义的技术领域。

91. 专利说明书和权利要求有什么关系?

权利要求的主要作用是界定专利权的保护范围。一方面,权利要求反映了专利申请人表达其请求保护以及所希望保护的客体范围,体现申请人内在的主观愿望。另一方面,权利要求是向社会不特定公众公示专利保护范围的客观行为,社会公众借此准确地了解专利权的保护边界,不仅避免他人越界侵权,也有助于鼓励后续创新。

专利说明书意在向社会公众公开发明创造本身的技术领域、背景、内容、具体实施方式、功能、效果等,以便本技术领域普通技术人员能够实施该发明创造,避免重复研发而导致的社会浪费。

专利法规定,发明或者实用新型专利权的保护范围以其权利要求的内容为准,说明书及附图可以用于解释权利要求的内容。权利要求书应当以说明书为依据，清楚、简要地限定要求专利保护的范围。也就是说，一般情况下，需要进行侵权判断时是从权利要求书出发考虑保护范围，如果权利要求书出现歧义，可以根据说明书的解释来进行阐述。说明书是权利要求书的基础，权利要求书要以说明书为依据，得到说明书的支持。

92. 如何撰写说明书摘要？说明书附图有哪些要求？

说明书摘要是对发明或实用新型说明书内容的简要概括。编写和公布说明书摘要的主要目的是方便公众对专利文献进行检索，方便专业人员及时了解本行业的技术概况。说明书摘要本身不具有法律效力。

说明书摘要应当写明发明或者实用新型专利申请所公开内容的概要，即写明发明或实用新型的名称和所属技术领域，并清楚地反映所要解决的技术问题、解决该问题的技术方案的要点以及主要用途。摘要文字部分不得超过300个字，并不得使用商业性宣传用语。

说明书摘要可以包含最能说明发明的化学式；有附图的专利申请，还应当提供一幅最能说明该发明或者实用新型技术特征的附图。附图应当画在专门的摘要附图表格上，大小及清晰度应当保证在该图缩小到4厘米×6厘米时，仍能清晰地分辨出图中的各个细节。

93. 涉及新生物材料的专利申请在提交材料上有何不同？

申请专利的发明涉及新的生物材料，该生物材料公众不能得到，并且对该生物材料的说明不足以使所属领域的技术人员实施其发明的，除应当符合专利法及其实施细则的有关规定外，申请人还应当办理下列手续：

（1）在申请日前或者最迟在申请日（有优先权的，指优先权日），将该生物材料的样品提交国家知识产权局认可的保藏单位保藏，并在申请时或者最迟自申请日起4个月内提交保藏单位出具的保藏证明和存活证明，国际专利申请人自进入中国之日起4个月内向国家知识产权局提交生物材料样品保藏证明和存活证明；期满未提交证明的，该样品视为未提交保藏。

（2）在申请文件中，提供有关该生物材料特征的资料。

（3）涉及生物材料样品保藏的专利申请应当在请求书和说明书中写明该生物材料的分类命名（注明拉丁文名称）、保藏该生物材料样品的单位名称、地址、保藏日期和保藏编号；国际专利的申请人可以按照《专利合作条约》的规定，对生物材料样品的保藏作出说明；申请时未写明的，应当自申请日起4个月内补正；期满未补正的，视为未提交保藏。

94. 如何办理新生物材料的保藏？

专利申请人依照专利法相关规定提交生物材料保藏时，应当向保藏单位提交该生物材料，并附具保藏请求书写明下列事项：

（1）请求保藏的生物材料是用于专利程序的目的，并保证在保藏期限内不撤回该保藏。

（2）专利申请人的姓名或者名称和地址。

（3）详细叙述该生物材料的培养、保藏和进行存活性检验所需的条件；保藏两种以上生物材料的混合培养物时，应当说明其组分以及至少一种能检查各个组分存在的方法。

（4）专利申请人给予该生物材料的识别符号，以及对该生物材料的分类命名或者科学描述。

（5）写明生物材料具有或者可能具有危及健康或者环境的特性，或者写明专利申请人不知道该生物材料具有此种特性。

95. 社会公众如何获得保藏的生物材料？

发明专利申请人依照专利法相关规定保藏生物材料样品的，涉及保藏的生物材料的专利申请公布前，保藏单位对其保藏的生物材料以及相关信息负有保密责任，不得向任何第三方提供该生物材料的样品和信息。但在发明专利申请公布后，应保藏生物材料的专利申请人或者专利权人或者经其允许的任何单位或者个人的请求，保藏单位应当向其提供该生物材料的样品。专利申请权或者专利权发生转让的，请求提供生物材料样品的权利以及允许他人获得生物材料样品的权利一并转让。

专利申请人或者专利权人或者经其允许的任何单位或者个人需要将该专利申请所涉及的生物材料作为实验目的使用的，应当向国家知识产权局提出请求，并写明下列事项：请求人的姓名或者名称和地址；不向其他任何人提供该生物材料的保证；在授予专利权前，只作为实验目的使用的保证。

96. 如何撰写外观设计简要说明？

外观设计的简要说明是用来对外观设计产品的设计要点、省略视图以及请求保护色彩等情况进行的扼要描述，用于解释图片或者照片所表示的产品的外观设计。外观设计的简要说明应当写明外观设计产品的名称、用途，外观设计的设计要点，并指定一幅最能表明设计要点的图片或者照片，且不得使用商业性宣传用语，也不能用来说明产品的性能。省略视图或者请求保护色彩的，应当在简要说明中写明。

对同一产品的多项相似外观设计提出一件外观设计专利申请的，应当在简要说明中指定其中一项作为基本设计。其他设计应当与基本设计相似。一件外观设计专利申请中的相似外观设计不得超过 10 项，并应当将各项外观设计的顺序编号标注在每件外观设计产品各幅图片或者照片的名称之前。

国家知识产权局认为必要时，可以要求外观设计专利申请人提交使用外观设计的产品样品或者模型。样品或者模型的体积不得超过 30 厘米×30 厘米×30 厘米，重量不得超过 15 公斤。易腐、易损或者危险品不得作为样品或者模型提交。

97. 外观设计专利对图片有什么要求？

申请外观设计专利时需要提交视图，一般包括前视图、后视图、俯视图、仰视图、左视图、右视图和立体图，需要将这些视图都做成绘图，充分体现外观设计的新颖性。

立体产品的外观设计要点涉及六个面的，应当提交六面正投影视图；产品设计要点仅涉及一个或几个面的，应当至少提交所涉及面的正投影视图和立体图，并应当在简要说明中写明省略视图的原因。

平面产品的外观设计要点涉及一个面的，可以仅提交该面正投影视图；产品设计要点涉及两个面的，应当提交两面正投影视图。

必要时，还应当提交外观设计产品的展开图、剖视图、剖面图、放大图以及变化状态图。

此外，提交图片时需要注意以下几点：

（1）除拍摄照片外，也可以用设计的 CAD 图片。

（2）图的大小在 3 厘米 ×8 厘米至 15 厘米 ×22 厘米。图片上不能出现阴影或虚线，照片的背景只能有一种颜色，而且照片上除了所要求的外观设计外，不能有其他任何别的物品。另外，不管提交的是图片还是照片，各视图都必须是正视图。

（3）对于组装关系唯一的组件产品，应当提交组合状态产品的视图；对于无组装关系或者组装关系不唯一的组件产品，应当提交各构件的视图，并在每个构件的视图名称前以阿拉伯数字进行编号排序，并在编号前加"组件"二字。

（4）申请人可以提交参考图，参考图通常用于表明使用外观设计的产品的用途、使用方法或者使用场所等。色彩包括黑白灰系列和彩色系列。对于简要说明中声明请求保护色彩的外观设计专利申请，图片的颜色应当着色牢固、不易褪色。成套产品的，应当在每件产品的视图名称前以阿拉伯数字进行编号排序，并在编号前加"套件"二字。

98. 提交申请时如何排列申请文件？

发明或者实用新型专利申请文件应当按照下列顺序排列：请求书、说明书摘要、摘要附图、权利要求书、说明书（含氨基酸或核苷酸序列表）、说明书附图。

发明或者实用新型的几幅附图应当按照"图1，图2，……"顺序编号排列。发明或者实用新型说明书文字部分中未提及的附图标记不得在附图中出现，附图中未出现的附图标记不得在说明书文字部分中提及。申请文件中表示同一组成部分的附图标记应当一致。附图中除必需的词语外，不应当含有其他注释。

外观设计专利申请文件应当按照下列顺序排列：请求书、图片或照片、简要说明。申请文件各部分都应当分别用阿拉伯数字顺序编写页码。

99. 专利申请文件使用的表格从哪儿获取？

申请文件应当使用国家知识产权局统一制定的表格，一件专利申请填写一份表格。这些表格可以从国家知识产权局网站（http://www.cnipa.gov.cn/bgxz/）下载，或者在国家知识产权局受理大厅的咨询处索取或以信函方式索取（信函寄至：国家知识产权局初审及流程管理部发文处），也可以向国家知识产权局设在各地的代办处索取。

100. 申请文件在文字和书写格式上有什么要求？

申请文件各部分一律使用中文。外国人名、地名和科技术语如没有统一中文译文，应当在中文译文后的括号内注明原文。

　　申请文件的纸张质量应当相当于复印机用纸的质量，一律采用 A4 尺寸（210 毫米×297 毫米）的纸张，单面、纵向使用，文字自左向右排列，左边和上边各留 25 毫米空白，右边和下边各留 15 毫米空白。字体用黑色宋体、仿宋体或楷体打字或印刷，字高 3.5～4.5 毫米，行距 2.5～3.5 毫米。文件中有附图的，线条应当均匀清晰，不得涂改，不得使用工程蓝图作为附图。纸面不得有无用的文字、记号、框、线等。

101. 专利申请文件需要谁来签字或者盖章？

　　向国家知识产权局提交的专利申请文件或者其他文件，应当按照规定签字或者盖章。其中未委托专利代理机构的申请，由申请人（或专利权人）、其他利害关系人或者其代表人签字或者盖章，办理直接涉及共有权利的手续，由全体权利人签字或者盖章；委托专利代理机构的，由专利代理机构盖章，必要时还应当由申请人（或专利权人）、其他利害关系人或者其代表人签字或者盖章。

　　专利申请相关手续需要附具证明文件的，证明文件应当是由有关主管部门出具或者由当事人签署的原件；证明文件是复印件的，应当经公证或者由出具证明文件的主管部门加盖公章予以确认（原件在国家知识产权局备案确认的除外）；证明文件是外文的，应当附有中文题录译文。

102. 提交申请文件需要注意的事项还有哪些?

（1）申请人应当注意留存专利申请文件的底稿，以保证申请审批过程中文件填写的一致性，并可以此作为答复审查意见时的参照。

（2）采取邮寄方式提交申请文件的，应当用挂号信函。无法用挂号信邮寄的，可以用特快专递邮寄，不得用包裹邮寄申请文件。挂号信函上除写明国家知识产权局或者代办处的详细地址（包括邮政编码）外，还应当标有"申请文件"及"国家知识产权局受理处收"或"国家知识产权局××代办处收"的字样。采用特快专递邮寄的，以国家知识产权局受理处以及各代办处实际收到日为申请日。一封挂号信内应当只装同一件申请的文件。邮寄后，申请人应当妥善保管好挂号信收据存根。

（3）国家知识产权局在受理专利申请时不接收样品、样本或模型。在审查程序中，申请人应审查员要求提交样品或模型时，若在国家知识产权局受理窗口当面提交的，应当出示审查意见通知书；采用邮寄方式提交的，应当在邮件上写明"应审查员×××（姓名）要求提交模型"的字样。

第三节 专利申请的提出和受理

103. 专利申请应当以什么形式提交?

申请人应当以电子形式或者纸质形式提交专利申请。电子形式是书面形式的一种。

（1）申请人以电子文件形式申请专利的,应当事先办理电子申请用户注册手续,通过国家知识产权局专利电子申请系统向国家知识产权局提交申请文件及其他文件。

（2）申请人以纸质形式申请专利的,可以将申请文件及其他文件当面交到国家知识产权局的受理窗口或寄交至"国家知识产权局受理处",也可以当面交到设在地方的国家知识产权局代办处的受理窗口或寄交至"国家知识产权局×××代办处"。

申请国防专利的,应当向国防专利局提交申请文件。国防专利局是专门受理国防专利申请的机构。

104. 什么是电子申请?

电子申请是指以互联网为传输媒介,将专利申请文件以符合规定的电子文件形式向国家知识产权局提出的专利申请。国家知识产权局电子申请系统于2004年3月正式开通。新电子申请系统于2010年2月10日上线运行。电子申请系统365天×24小时开通,包括国庆节、元旦、春节等节假日。申请人可通过电子申请系统向国家知识产权局提交发明、实用新型、外观设计专利申请和中间文件,以及进入中国国家阶段的国际申请和中间文件。

105. 电子申请用户如何注册?

电子申请用户注册是指申请人或代理机构在提交电子申请前,从国家知识产权局获得电子申请用户代码和密码的过程。

电子申请用户注册方式包括:当面注册、邮寄注册和网上注册。当面注册可在法定工作日时间带注册材料到国家知识产权局受理窗口或专利代办处办理注册手续。如果是网上注册,可以先在网站上注册为临时用户,然后在15日内邮寄注册材料到国家知识产权局,办理正式的注册手续。或者直接邮寄注册材料到国家知识产权局,办理注册手续。

注册手续免费。注册材料包括用户注册请求书(一份)、用户注册协议(一式两份)、用户注册证明文件。

注册请求人是个人的,应当提交由本人签字或者盖章的居民身份证件复印件或者其他身份证明文件。注册请求人是单位的,应当提交加盖单位公章的企业营业执照(企业）或者组织机构代码证（事业单位）复印件、经办人签字或者盖章的身份证明文件复印件。注册请求人是专利代理机构的，应当提交加盖专利代理机构公章的专利代理机构注册证复印件、经办人签字或者盖章的身份证明文件复印件。

当面注册，委托他人办理注册的，还应提交由经办人签章的身份证明文件复印件一份和注册请求人的代办委托证明一份。

106. 保密申请是否可以电子申请方式提交？

根据国家相关法律，涉及国家秘密的信息不得在国际联网的计算机信息系统中存储、处理、传递，因此，若任何单位和个人认为其专利申请涉及国家安全或国家重大利益，需要提交保密申请的，不能通过电子专利申请系统提交，可以通过纸件申请的方式提交。

107. 国家知识产权局对收到的专利申请如何处理？大约多久可以收到受理通知书？

国家知识产权局受理处或代办处收到专利申请后，对符合受理条件的申请，将确定申请日，给予申请号，发出受理通知书。不符合受理条件的，将发出不受理通知书。

向国家知识产权局受理处寄交申请文件的，一般在一个月左右可以收到国家知识产权局的受理通知书，超过一个月尚未收到国家知识产权局通知的，申请人应当及时向国家知识产权局受理处查询。

108. 申请人收到受理通知书后需要做什么？

申请人收到受理通知书和缴费通知书后，应当认真核对通知书上的信息，对通知书信息有异议的，应当及时向国家知识产权局提出。

申请人或专利权人的地址有变动的，应当及时向国家知识产权局提出著录项目变更；如果申请人与专利代理机构解除代理关系，应当向国家知识产权局办理变更手续。

109. 什么是专利申请日？确定申请日有什么意义？

申请日是指国家知识产权局收到专利申请文件的日期。专利申请日在法律上具有十分重要的意义。首先，它确定了提交专利申请时间的先后，按照先申请原则，在有相同内容的多个专利申请时，专利授予最先申请的人；其次，它确定了对现有技术检索的时间节点，是判断申请是否具有新颖性和创造性的时间节点，对一件申请能否被授予专利具有重大影响；再次，申请日是审查程序中一系列重要期限的起算日或时间节点，如优先权日、先用权等都是以申请日作为起算日或重要时间节点进行计算的；最后，申请日决定着专利保护的期限，因为专利保护期是从申请日开始起算的。总之，申请日在专利申请中是一个非常重要的日期，准备申请专利的技术在具备条件后应尽快办理申请，争取早日获得申请日。

110. 申请日是如何确定的？

采用电子文件形式向国家知识产权局提交的专利申请及各种文件，以国家知识产权局专利电子申请系统收到电子文件之日为申请日。

向国家知识产权局受理处或者代办处窗口直接递交的专利申请，以收到日为申请日；通过邮局邮寄递交到国家知识产权局受理处或者代办处的专利申请，以信封上的寄出邮戳日为申请日；寄出的邮戳不清晰无法辨认的，以国家知识产权局受理处或者代办处收到日为申请日。通过快递公司递交到国家知识产权局受理处或者代办处的专利申请，以收到日为申请日；邮寄或者递交到国家知识产权局非受理部门或者个人的专利申请，其邮寄日或者递交日不具有确定申请日的效力，以受理处或者代办处实际收到日为申请日。

111. 申请日错误,可以更正吗?

申请人收到专利申请受理通知书之后,认为该通知书上记载的申请日与邮寄该申请文件的日期不一致的,可以在递交专利申请文件之日起两个月内或者申请人收到专利申请受理通知书一个月内提出申请日更正请求,并附收寄专利申请文件的邮局出具的关于寄出日期的有效证明,该证明中注明的寄出挂号信号码应与请求书中记录的挂号信号码一致。挂号信的存根可以作为上述有效证明。

112. 漏交说明书附图怎么办?

说明书中写有对附图的说明但没有附图或者缺少部分附图的,申请人应当在国家知识产权局指定的期限内补交附图或者声明取消对附图的说明。申请人补交附图的,以向国家知识产权局提交或者邮寄附图之日为申请日;取消对附图说明的,保留原申请日。该条款是对申请人漏交附图时如何进行修改的规定,如果漏交的附图不是申请文件所必需的,则可以删除附图说明,保留原申请日;如果漏交的附图是申请文件必不可少的技术内容,则申请人必须补交附图。

113. 专利申请号的作用是什么?

国家知识产权局在给予专利申请受理通知书的同时会给予申请人专利申请号,申请号是专利申请的一个重要著录项目。确定申请日并获得申请号,标志着国家知识产权局正式受理专利申请,此时的专利申请才被认为是一件正式的申请。由于许多专利申请的名称极为相似甚至相同,区别起来难度较大,通过专利申请号区分起来就非常容易,因为申请号与专利申请是一一对应的,一个专利申请号对应一个特定的专利申请。此外,申请号也是国家知识产权局在审批程序以及后续程序中对专利申请进行管理的重要手段。

114. 专利申请号的组成与含义是什么?

专利申请号用12位阿拉伯数字表示,包括申请年号、申请种类号和申请流水号三部分。按照从左到右的次序,专利申请号中的第1~4位数字表示受理专利申请的年份,第5位数字表示专利申请的种类,第6~12位数字为申请的流水号,表示受理专利申请的相对顺序。如专利申请号200210000001.1,第1~4位"2002"表示申请年份为2002年,第5位数字"1"表示申请的种类(1为发明,2

为实用新型，3 为外观设计，8 代表进入中国国家阶段的 PCT 发明专利申请，9 代表进入中国国家阶段的 PCT 实用新型专利申请），第 6~12 位数字代表当年该类别申请的序号数，即申请流水号，最后一位数字或符号是计算机自动生成的校验位，由计算机赋予。

专利申请号是与某一专利相对应的，具有唯一性，是用于和其他专利相区别的"身份证号码"。该专利申请授权以后，在申请号前加注"ZL"，就成为这个专利的专利号。

115. 专利申请号是否就是专利号？

专利申请号不等于专利号。专利申请号是国家知识产权局受理专利申请后给出的一个特定号码，只表明国家知识产权局收到了专利申请，但并未对其授权，即能否获得授权尚不确定；如果专利申请被授权了，国家知识产权局就会在专利申请号前加"ZL"（"专利"二字的首字母）作为专利号。即：专利号 = ZL + 申请号。一件申请获得授权拿到专利证书，才能确定该产品是正规专利产品。

专利号是文献号的一种，是国家知识产权局在公布专利文献（包括公开出版和仅提供阅览复制）时编制的序号。文献号是各国专利局在公布专利文献（包括公开出版和仅提供阅览复制）时编制的序号。

116. 什么是专利分类？专利分类有什么作用？

专利分类就是通过设计一种管理专利文献的办法，将相同技术主题的专利文献归档，给予统一的标识，在需要的时候，通过这一标识找出这些文献。专利分类表就是用于专利文献的高效检索工具。国家知识产权局以最新版的国际专利分类表（International Patent Classification，IPC，包括其使用指南）中文译本为工作文本。专利分类的作用在于以下几方面：

（1）通过对各国的专利文献进行统一分类，便于审查员检索相关技术，以进行新颖性和创造性的判断。

（2）通过分类编排专利文献，便于使用人从中获得专利的技术信息和法律信息，从而进行专利布局分析等的使用。

（3）便于社会公众了解和掌握某一技术领域的专利申请现状，了解和评价该领域的现有技术水平。

117. 如何进行专利申请权转让？

要进行专利申请权转让，首先应签订转让合同，然后到国家知识产权局办理登记手续，并由国家知识产权局公告，转让合同自登记之日起生效。

专利申请权转让合同,是指转让方将其发明创造申请专利的权利转让给受让方,而受让方按约定支付价款的合同。

118. 申请费什么时间缴纳?如何缴纳?

申请人应当自申请日起 2 个月内或在收到受理通知书之日起 15 日内缴纳申请费。缴纳申请费需写明相应的申请号及必要的缴费信息。缴纳申请的方式有三种。

(1) 电子申请用户可以登录电子申请网(http://cponline.cnipa.gov.cn/),网上缴纳专利费用。

(2) 直接向国家知识产权局或国家知识产权局代办处缴纳专利费用。

(3) 通过银行或邮局汇付专利费用。通过银行或邮局汇付专利费用时,应当在汇款单附言栏中写明正确的申请号(或专利号)及费用名称(或简称)。

① 银行汇付:
开户银行:中信银行北京知春路支行
户 名:中华人民共和国国家知识产权局专利局
账 号:7111710182600166032
② 邮局汇付:
收款人姓名:国家知识产权局专利局收费处
商户客户号:110000860(可代替地址邮编)
地址邮编:北京市海淀区蓟门桥西土城路6号(100088)

119. 专利费用可以减缓吗？办理减缓需要提交哪些材料？

申请人或者专利权人缴纳专利费用确有困难的，可以请求减缴。可以减缴的费用包括四种：申请费、发明专利的申请审查费、复审费和自授予专利权当年起 10 年的年费。

授权前已获准专利费用减缴的，自授权当年起连续 10 个年度可按已批准的减缴比例缴纳年费。例如，一件已获准减缴专利费用的专利申请，假设授权当年（办理登记手续通知书中所指明的年度）为第三年度，则专利权人可以按批准的减缴比例减缴第三年度、第四年度、第五年度、第六年度、第七年度、第八年度、第九年度、第十年度、第十一年度、第十二年度的年费，自第十三年度起应按全额缴纳年费。

自 2016 年 9 月 1 日（含）起，所有专利费用减缴业务均须提前在专利费减备案系统中办理备案。费减请求既可在提出专利申请时一并提出，也可在申请日后再提出。提出专利申请时提出费减的，需在专利申请请求书中勾选"□请求费减且已完成费减资格备案"，并填写专利费减备案证件号；申请日后请求费减的，需单独提交《费用减缴请求书（申请日后提交适用）》，并填写专利费减备案证件号。需注意的是，申请人或专利权人只能就尚未到期的费用请求减缴，并且应当在有关费用缴纳期限届满日的两个半月之前提出费用减缴请求。

第四章 专利申请的审查和批准

第一节　发明专利申请的审查

120. 发明专利审查的程序是怎样的？

发明专利申请的审查程序主要分五个阶段：受理阶段、初审阶段、公布阶段、实审阶段、授权阶段。与实用新型和外观设计专利相比，发明专利的审查程序中有一个实质审查阶段，实质审查不但时间长且严格，因此，一件发明专利从申请到授权一般需要一年半至两年时间。

国家知识产权局在收到发明专利申请后进行审查受理，确定申请日。经受理后的专利申请按照规定缴纳申请费的，不需要保密的，自动进入初审阶段。如果需要保密的，按保密程序处理。初审合格，发给初审合格通知书。发明专利申请从发出初审合格通知书起进入公布阶段，如果申请人没有提出提前公开请求，自申请日起满18个月公布。发明专利申请自申请日起3年内，国家知识产权局可根据申请人请求或依职权对发明专利申请进行实质审查。在实质审查期间，将对专利申请是否具有新颖性、创造性、实用性以及专利法规定的其他实质性条件进行全面审查。实质审查中未发现驳回理由的，将按规定进入授权程序。发明专利申请经实质审查未发现驳回理由的，由审查员作出授权通知。

121. 发明专利申请的初步审查阶段主要审查哪些内容?

发明专利申请初步审查,是对专利申请是否符合法律规定的形式要求以及是否具有明显的实质性缺陷进行的审查,又被称为"形式审查"和"格式审查"。发明专利申请的初步审查是国家知识产权局受理发明专利申请之后、公布该申请之前的一个必要程序。

发明专利在初步审查前首先要进行保密审查,对涉及专利法规定的国家安全或者重大利益需要保密的,按照保密程序处理。不需要保密的,进入初审。发明专利初步审查的内容有以下方面:

(1) 专利申请文件是否完备,格式上是否符合《专利法》及《专利法实施细则》的规定。

(2) 申请人身份是否合法,各种证明文件是否齐全。申请人是外国人的,是否依法委托专利代理机构。

(3) 申请文件的明显实质性缺陷审查,包括申请专利的发明创造是否明显属于违反法律、社会公德或者妨害公共利益的发明创造;是否明显属于不授予专利权的主题;是否明显缺乏技术内容不能构成技术方案;是否缺乏单一性;申请专利的主题是否属于发明专利的申请范围;对申请文件的修改是否超过原权利要求书和说明书记载的范围。

(4）申请人是否缴纳了申请费等，缴费期限是否符合《专利法》及其实施细则的规定。

初步审查过程中，国家知识产权局应当将审查意见通知申请人，要求其在指定期限内陈述意见或者补正；申请人期满未答复的，其申请视为撤回。申请人陈述意见或者补正后，国家知识产权局仍然认为不符合前述各项规定的，应当予以驳回。

122. 发明专利申请初步审查合格后会如何处理？

经初步审查，对于申请文件符合《专利法》及其实施细则有关规定并且不存在明显实质性缺陷的专利申请，包括经过补正符合初步审查要求的专利申请，应当认为初步审查合格。审查员应当发出初步审查合格通知书，进入公布程序。发明专利申请自申请日起满18个月，即行公布。国家知识产权局也可以根据申请人请求早日公布其申请。也就是说，如果申请人没有提出提前公开请求，要等到申请日起满18个月才予以公布。如果申请人请求提前公开的，则申请立即进入公开准备程序。大约3个月后在专利公报上公布其说明书摘要并出版说明书单行本。申请公布以后，申请人就获得了临时保护的权利。要求优先权的申请（包括国内优先权和外国优先权），从优先权日起满18个月予以公布。

申请人请求早日公布其发明专利申请的，应当向国家知识产权局申请。国家知识产权局对该申请进行初步审查后，除予以驳回的外，应当立即将申请予以公布。

123. 什么是"早期公开，延迟审查"制度？

与世界大多数国家一样，我国对发明专利申请的审查采取的是"早期公开，延迟审查"制度。发明专利申请进行实质审查的周期较长，如果在完成所有的审查程序后再将申请的内容进行公开，难以避免技术的重复研发，也无法使社会公众及时对有关专利申请提出不同意见，这必然会使专利制度的作用大打折扣。

根据"早期公开，延迟审查"制度，发明专利自申请日起（有优先权的自优先权日起）满18个月即行公布，由公众进行异议审查，并进入临时保护状态。若申请人有早日公布的请求，公布日期可以提前。发明专利申请自申请日起3年内，国家知识产权局可以根据申请人随时提出的请求，对其申请进行实质审查；申请人无正当理由逾期不请求实质审查的，该申请即被视为撤回。国家知识产权局认为必要的时候，可以自行对发明专利申请进行实质审查。

这种审查制度具有提前公开发明内容、争取公众异议、减少审批工作量、给申请人更多的考虑机会等优点，对公众、申请人、国家知识产权局都有利，但审查手续比较复杂，而且在早期公开后的临时保护期内，申请人的权利无法得到充分保障。

124. 什么情况下适于申请提前公开？如何提出？

通常情况下，发明专利申请人不必提出这种请求，因为在公开后的临时保护期内，申请人的权利无法得到充分保障。但在下述几种情况下是可以考虑提前公开的：

（1）一些改进型的发明或者更新换代快的技术。因为发明专利审查周期过长，这类技术有可能在获得授权时丧失技术优势，专利的商业价值也将大打折扣。提前公开有助于及早为自己的发明创造找到实施许可方或者及早地进入实质审查程序。

（2）申请专利的技术面临被动公开的危险，如该技术已被他人窃取，或自己已经批量生产且急于投放市场等。在这种情况下，提前公开至少可以获得临时保护，要求实施其发明的单位或者个人支付适当的费用。

（3）可以降低竞争对手就相关技术获得专利权的概率，避免竞争对手依靠专利优势形成对自己不利的市场竞争态势。此种情形下申请人也可以将专利提前公开。

申请人请求提前公布其专利申请的，应使用国家知识产权局统一制定的表格（"要求提前公开声明"），以书面形式向国家知识产权局提出请求。如果申请人提出了提前公开声明，在专利申请初步审查合格后将立即进入公开程序，即使此时申请人又提出撤销申请，申请文件仍照常公开。

125. 实质审查的对象是什么？

专利实质审查是指国家知识产权局在对申请案进行审查时，不仅要对专利申请的形式要件进行审查，还要对申请专利的发明创造是否符合新颖性、创造性和实用性等实质性要件进行审查，确保授权专利在实质内容和撰写形式上均符合专利法的规定。发明专利必须进行实质审查才能授权，实用新型和外观设计专利形式审查合格就可获得授权。

（1）形式要件，目的是发现在形式审查阶段未发现的缺陷。

（2）实质要件，主要审查如下内容：

① 申请专利的发明创造是否属于专利法规定的不授予专利的主题。

② 通过全面检索，确定授予专利权的发明创造具备新颖性、创造性和实用性。

③ 说明书是否以所属技术领域的普通技术人员能够实现为标准，对发明作了清楚、完整的说明。

④ 权利要求书是否以说明书为依据，独立权利要求是否从整体上反映了发明的技术方案，并记载解决技术问题的必要技术特征。

⑤ 专利申请是否符合一专利一申请的单一性原则。

⑥ 申请人对发明专利申请文件的修改有无超出原说明

书和权利要求书记载的范围。

国家知识产权局进行实质审查后,认为专利申请不符合专利法规定的,应通知申请人在指定期限内陈述意见或对其申请进行修改,修改后仍认为不符合专利法规定的,应驳回其申请。

126. 怎样提出实质审查请求？提交实质审查请求需要提交哪些材料？

专利法规定,申请人应在申请日(有优先权的,指优先权日)起的3年内提出实质审查请求,并在此期限内缴纳实质审查费。无正当理由逾期不提出请求的,申请被视为撤回。如果申请人提交了提前公开声明,就可同时或尽早提出实质审查请求。发明专利申请人提出实质审查请求时,应当提交实质审查请求书以及在申请日(有优先权的,指优先权日)前且与其发明有关的参考资料,主要是指发明人在完成发明过程中所参考的与其发明相关的技术资料,包括专利文献、科技书籍、专利技术报刊等。申请人可以选择其中与发明关系最为密切的资料送交国家知识产权局。

发明专利已经在外国提出过申请的,国家知识产权局可以要求申请人在指定期限内提交该国为审查其申请进行检索的资料或者审查结果的资料；无正当理由逾期不提交的,该申请即被视为撤回。检索的资料是指有关国家和地区的专利局对该申请进行检索所作出的检索报告，以及 PCT 条约国际局公布的对国际申请作出的国际检索报告。审查结果的资料是指有关国家和地区的专利局对该申请所作出的结论性意见，如外国专利局作出的审查意见通知书、授予专利权的决定、驳回该专利申请的决定等。

发明人作出某一发明创造时，如果没有参考任何资料，提供不出背景材料，可以通过递交意见陈述书的形式，向审查员解释清楚。

127. 在实质审查过程中，什么情形下发明专利申请会被驳回？

国家知识产权局在对发明专利申请进行实质审查时，发现有下述情形之一的，该申请将予以驳回：

（1）专利申请的主题不是发明。

（2）申请的主题违反法律、社会公德或者妨害公共利益。

（3）申请的主题属于不授予专利权的技术领域。

（4）申请的主题不具有新颖性、创造性或实用性。

（5）申请的主题不符合"对同样的发明创造只能被授予一项专利"的规定。

（6）申请的说明书没有对发明创造作出清楚、完整的说明；申请的权利要求书没有以说明书为依据，说明要求专利保护的范围。

（7）申请的主题不符合对发明专利申请的单一性要求。

（8）申请文件的修改或者分案的申请超出了原说明书或者权利要求书记载的范围。

128. 实用新型和外观设计专利的审查程序是怎样的？

实用新型或者外观设计专利申请在审批中不进行早期公布和实质审查，只有受理、初步审查和授权三个阶段。因此，相对而言，初步审查阶段需要审查的内容较多，既要进行形式审查，也包含部分必要的实质审查，即申请文件的明显实质性缺陷审查。

国家知识产权局在收到实用新型或者外观设计专利申请后，进行初步审查，经初步审查符合专利法要求的予以受理，确定申请日。受理后的专利申请按照规定缴纳申请费。不需要保密的，自动进入初审阶段；需要保密的，按保密程序处理（外观设计专利不需要保密审查）。经初步审查没有发现驳回理由的，由国家知识产权局作出授予实用新型专利权或者外观设计专利权的决定，发给相应的专利证书，同时予以登记和公告。实用新型专利权和外观设计专利权自公告之日起生效。对实用新型和外观设计专利申请，除进行上述审查外，还要审查是否明显与已有专利相同，即是否是一个新的技术方案或者新的设计，经初审未发现驳回理由的，宣告授予专利权。

129. 实用新型和外观设计专利的初步审查主要审查哪些事项？

（1）申请文件的撰写是否符合要求。
（2）对文件的修改是否超出了原文件或原图片、照片的范围。
（3）申请人的资格是否合法，如果是外国申请人，是否委托了法定的代理机构办理专利申请。
（4）实用新型或外观设计是否违反法律、社会公德或妨害公共利益，是否属于不授予专利权的发明创造。
（5）申请是否符合单一性要求。
（6）有无重复授权的可能。
（7）是否为两个相同实用新型或外观设计专利申请的后申请人等。

130. 保密专利申请的审批程序是什么？

专利申请提交后，保密审查员对确定需要保密的专利申请案卷加注保密标记，在对该专利申请作出解密决定之前，对其进行保密管理。

保密专利申请的初步审查和实质审查均由国家知识产权局指定的审查员进行。对于发明专利申请，无论是初步审查还是实质审查，审查标准与一般发明专利申请相同。与一般专利申请所不同的是，保密专利申请初步审查后不予公布，提出的实质审查请求符合规定的，直接进入实质审查程序。经实质审查没有发现驳回理由的，作出授予保密发明专利权的决定。

实用新型专利申请的初步审查基准也与一般实用新型专利申请相同。经初步审查没有发现驳回理由的，作出授予保密实用新型专利权的决定。

保密专利申请的授权公告仅公布专利分类号、专利号、专利申请日和授权公告日，不公开其他资料，因此，保密专利不存在由公众提起的异议、无效、复审等程序。

131. 专利申请提交后，能否进行修改或补正？如何修改或补正？

专利申请提交后，仍然可以进行修改和补正。修改或补正既可以是申请人主动要求修改或补正，也可以是应国家知识产权局的要求被动修改或补正。

发明专利申请人在提出实质审查请求时，以及在收到国家知识产权局发出实质审查通知书之日起的 3 个月内，可以对发明专利申请主动提出修改。实用新型或者外观设计专利申请人自申请日起 2 个月内，可以对实用新型或者外观设计专利申请主动提出修改。

  被动修改是应国家知识产权局的要求进行的修改，其修改或补正应在"补正通知书"或"审查意见通知书"规定的时间内完成。需要注意的是，对发明或实用新型专利申请文件的修改不得超出原说明书和权利要求书记载的范围，对外观设计专利申请文件的修改不得超出原图片或照片表示的范围。

  此外，国家知识产权局也可以自行对专利申请文件中文字和符号的明显错误进行修改，并在修改后通知申请人。

132. 如何答复国家知识产权局发出的各种通知书？

  在初步审查或实质审查阶段，如果审查员发现有不符合法律规定的明显缺陷、格式缺陷或者实质性缺陷时，将会通过各种通知书的形式通知申请人。申请人应当在规定的期限内，针对通知书指出的问题，使用规定的格式文件分类逐条答复。答复时应注明申请号、发文序列号、所答复的通知书名称、发文日等。

  （1）同意审查员意见的，按照审查意见办理补正手续或者对申请进行修改；如果不同意审查员意见，应在答复中陈述意见及理由。

  （2）属于格式或者手续方面的缺陷，一般可以通过补正消除缺陷；属于明显实质性缺陷且难以通过补正或者修改消除的,通常只能就是否存在或属于明显实质性缺陷进行申辩和陈述意见。

(3) 对发明或者实用新型专利申请的补正或者修改均不得超出原说明书和权利要求书记载的范围,对外观设计专利申请的修改不得超出原图片或者照片表示的范围。修改文件应当按照规定格式提交替换页。

(4) 一般补正形式问题或手续方面的问题使用补正书,修改申请的实质内容使用意见陈述书,申请人不同意审查员意见,进行申辩时使用意见陈述书。

(5) 答复法律手续类通知书时,除了消除通知书中指出的缺陷,还应当重新提交相应的法律手续文件。例如,答复著录项目变更视为未提出通知书时,除了按照视为未提出通知书的要求提交相应的文件外,还应重新提交著录项目变更申报书,未缴纳或缴足变更费的,缴纳变更费的同时应当重新提交著录项目变更申报书;答复办理恢复手续补正通知书时,应当消除权利丧失的原因,并重新提交恢复权利请求书。

133. 什么情况下需要同审查员进行会晤?

对审查员提出的审查意见用书面形式难以解答清楚时,可以由申请人与审查员面对面讨论解决,即进行"会晤",会晤需要预约。会晤可以由申请人向国家知识产权局提出请求,时间必须在答复第一次审查意见通知书时或之后。会晤也可以由审查员在发出第一次审查意见通知书时或之后约请申请人。

134. 哪些情况下专利申请人有必要主动撤回专利申请?

专利申请提出后,由于客观情况的变化或者申请人出于某种考虑,申请人可以主动向国家知识产权局提出请求,撤回自己的专利申请。具体来说,在下述几种情况下,申请人有必要考虑撤回专利申请:

(1) 适于采用技术秘密保护的技术,如产品工艺和配方,倘若施以严格的保密措施,更有利于保持长期的竞争优势。如果已提出专利申请的技术能够采用技术秘密方式保护的,应尽快提出撤回请求。

(2) 对经过检索和调查发现没有授权可能的专利申请,也应及时提出撤回请求,以免浪费不必要的时间和精力。

(3) 不能通过修改或补正方式消除专利申请文件存在的严重缺陷的申请,也应及时提出撤回请求。

(4) 技术方案还不太成熟,授权可能性不大的专利申请,也应及时撤回请求,一则避免因技术公开造成的不必要损失,二则避免浪费时间和精力。

撤回请求一经提出,即不得要求恢复。撤回请求应在国家知识产权局公开(公告)前提出,在国家知识产权局做好公布专利申请文件的印刷准备工作后提出的撤回申请,申请文件仍予公布。

第二节 优先权和专利的优先审查

135. 为什么要申请本国优先权?

优先权原则源自《巴黎公约》,其目的是缔约方国民就其发明创造在本国提出专利申请后,一定期限内在其他缔约方就同一主题提出的在后申请,在某些方面被视为是在首次申请的申请日提出。《巴黎公约》的优先权制度指的是外国优先权。

设立本国优先权可以在优先权层面上使中国申请与外国申请处于同等地位,使得我国申请人在我国再次就相同主题提出专利申请时被视为是在首次申请的申请日提出。需要注意的是,本国优先权中的第一次申请也应当是世界范围内的首次申请。也就是说,如果首次申请是外国申请,则在后申请享有要求外国优先权的权利;如果首次申请是中国申请,则在后申请享有要求本国优先权的权利。优先权制度可以鼓励发明人及时申请专利,督促发明人加快研发进程,防止被他人抢先申请专利,使自己陷于被动境地。

具体而言,申请本国优先权具有如下好处:

（1）申请人可以在符合单一性要求的前提下通过要求本国优先权将若干在先申请合并在一份在后申请中，以减少需要缴纳的专利年费，节约开支。

（2）申请人可以在优先权期限内实现发明和实用新型专利申请的互换，寻求最有利于保护自己权利的形式。

（3）利用优先权制度可以延长保护期限。申请人可以在首次申请后，优先权期限届满前，重新提出一个与首次申请完全一致的申请，要求首次申请的优先权，从而实际上起到将其专利权的保护期延长的作用。

（4）通过要求本国优先权增加、补充、完善首次申请的内容。虽然可以通过在后专利申请增加、补充和完善首次申请的内容，但是如果要求保护含有新增加内容的技术方案，也就是在某项权利要求中新增技术特征，则该项权利要求不享有优先权，只能以其实际申请日为准。

136. 什么情况下可以要求本国优先权？

申请人要求本国优先权，一定是就相同主题进行了两次申请。具体来说，享有本国优先权的专利申请应当满足以下条件：

（1）申请人就相同主题在中国第一次提出专利申请后又向国家知识产权局提出了专利申请。可以是先提出了一个发明专利申请，其后就相同主题又提出发明或者实用新型专利申请；也可以是先提出了实用新型专利申请，其后就相同主题又提出实用新型或者发明专利申请。对外观设计计而言，只有属于相同产品的外观设计且在后申请要求保护的外观设计清楚地表示在其首次申请中才能被认定为属于相同主题的外观设计。

（2）对于发明和实用新型而言，中国在后申请之日不得迟于中国首次申请之日起12个月；外观设计的中国在后申请之日不得迟于中国首次申请之日起6个月。

享有本国优先权的必要条件包括：作为本国优先权基础的中国在先申请应当是世界范围内的首次申请；在先申请应当清楚地记载在后申请中，或者在后申请可以从在先申请中直接地、毫无疑义地得到。

137. 什么情况下在先申请不能作为要求本国优先权的基础？

（1）已经被授予专利权的。

（2）已经要求外国优先权或者本国优先权的，但要求过外国优先权或者本国优先权而未享有优先权的除外。

（3）在先申请属于按照专利法相关规定提出的分案申请。

需要注意这样一种例外，即国家知识产权局在收到一件要求某一在先申请优先权的在后申请时已经发出授予在先申请专利权的通知，但该通知是于在后申请的申请日之后发出的，这时只要优先权要求符合规定，申请人可以在退回该通知的条件下享有在先申请的优先权。

应当注意,当申请人要求本国优先权时,作为本国优先权基础的中国首次申请,自中国在后申请提出之日起即被视为撤回。

138. 怎样办理要求优先权的手续?

根据专利法规定,申请人要求发明、实用新型专利优先权的,应当在申请的时候提出书面声明,并且在第一次提出申请之日起16个月内,提交第一次提出的专利申请文件的副本。申请人要求外观设计专利优先权的,应当在申请的时候提出书面声明,并在3个月内提交第一次提出的专利申请文件的副本。申请人未提出书面声明或者逾期未提交专利申请文件副本的,视为未要求优先权。

申请人要求优先权的书面声明中应写明第一次提出的专利申请,即专利在先申请日、申请号和受理申请的国家;书面声明中未写明在先申请日和受理该申请的国家的,视为未提出声明。

申请人要求外国优先权的,提交的在先申请文件副本须经原受理机关证明;提交的证明材料中,在先申请人的姓名或者名称与在后申请的申请人姓名或者名称不一致的,应当提交优先权转让的证明材料。申请人要求本国优先权的,提交的在先申请文件副本应当是国家知识产权局制作的副本。

139. 利用本国优先权时应注意什么?

申请人要求本国优先权时,其在先申请自后一申请提出之日起即被视为撤回,因此,申请人在提出优先权时一定要谨慎。

(1) 如果是将先申请为实用新型的专利申请通过要求优先权改为发明专利申请,必须认真分析其创造性的高度是否达到了发明专利的要求。若不能确定已达到发明专利的要求,最好不做修改,否则有可能造成既得不到发明专利权也得不到实用新型专利权的后果。

(2) 如果是把在先申请的具有足够高度的发明专利通过要求优先权改为实用新型专利申请,虽然有利于快速获得专利授权,但相应的结果是缩短了专利的保护期,因此,需要申请人综合评估,谨慎做出选择。

140. 专利申请能加急吗?

符合条件的发明专利可以申请优先审查,也就是通常说的加急。发明专利申请人请求优先审查的,应当在提出实质审查请求并缴纳相应费用后,具备开始实质审查的条件时提出。实用新型、外观设计专利申请人请求优先审查的,应当在申请人缴纳专利申请费后提出。

141. 如何办理专利申请优先审查？

实质审查阶段的发明专利申请，缴完申请费之后的实用新型和外观设计专利申请，都可以提交优先审查材料。优先审查材料包括：国务院相关部门或者省级知识产权局签署推荐意见的优先审查请求书、说明和相应证明材料、现有技术或者现有技术信息材料。此外，办理优先审查的专利申请应当为电子申请，建议申请人采用XML格式文件的电子申请，便于加快审查周期。

142. 哪些专利申请可以请求优先审查？

根据《专利优先审查管理办法》规定，实质审查阶段的发明专利申请、实用新型和外观设计专利申请可以根据该办法的规定申请优先审查。具体而言，有下列情形之一的专利申请可以请求优先审查：

（1）涉及节能环保、新一代信息技术、生物、高端装备制造、新能源、新材料、新能源汽车和智能制造等国家重点发展产业。

（2）涉及各省级和设区的市级人民政府重点鼓励的产业。

（3）涉及互联网、大数据、云计算等领域且技术或者产品更新速度快的。

（4）专利申请人已经做好实施准备或者已经开始实施，或者有证据证明他人正在实施其发明创造。

（5）就相同主题首次在中国提出专利申请又向其他国家或地区提出申请的该中国首次申请。

（6）其他对国家利益或者公共利益具有重大意义需要优先审查。

143. 优先审查的专利申请多长时间结案？

根据《专利优先审查管理办法》，国家知识产权局同意进行优先审查的，应当自同意之日起，在以下期限内结案：发明专利申请在45日内发出第一次审查意见通知书，并在1年内结案；实用新型和外观设计专利申请在2个月内结案；如遇申请人答复超时或者案件情况复杂等特殊情况时，结案时间会受到影响。

144. 在什么情况下，专利申请的优先审查程序会被停止？

优先审查的专利申请，有下列情形之一的，国家知识产权局可以停止优先审查程序，按普通程序处理：

（1）发明专利申请人在提出实质审查请求时，以及在收到国家知识产权局发出的发明专利申请进入实质审查阶段通知书之日起的3个月内,可以对发明专利申请主动提出修改;实用新型或者外观设计专利申请人自申请日起2个月内,可以对实用新型或者外观设计专利申请主动提出修改。优先审查请求获得同意后,申请人在上述期限内对申请文件提出修改的,专利申请的优先审查程序会被停止。

(2)对于优先审查的专利申请,申请人应当尽快答复或者补正。申请人答复发明专利审查意见通知书的期限为通知书发文日起2个月,申请人答复实用新型和外观设计专利审查意见通知书的期限为通知书发文日起15日。申请人答复期限超过上述期限的,专利申请的优先审查程序会被停止。

(3)申请人提交虚假材料。

(4)审查过程中发现属于非正常专利申请。

第三节 专利权的授予

145. 如何将授予专利权的决定通知申请人?

发明专利申请经实质审查,实用新型和外观设计专利申请经初步审查,没有发现驳回理由的,国家知识产权局应当作出授予专利权的决定,发给专利证书,并同时予以登记和公告。在作出授予专利权的决定之前,国家知识产权局应当发出授予专利权的通知，通知申请人。

需要注意的是，如果一项发明创造是已被授予实用新型专利权的发明专利申请，申请人可以进行选择，只有在申请人提交放弃该实用新型专利权声明后，国家知识产权局才发出授予发明专利权的通知；若申请人坚持保留实用新型专利权，则国家知识产权局应对该发明专利申请作出驳回决定。

146. 如何办理专利权的登记手续？

国家知识产权局发出授予专利权通知的同时，应当发出办理登记手续的通知，申请人应当在收到该通知之日起2个月内办理登记手续。申请人在办理登记手续时，应当按照办理登记手续通知书中写明的费用金额缴纳专利登记费、授权当年的年费、公告印刷费，同时还应缴纳专利证书印花税。国家知识产权局发出授予专利权的通知书和办理登记手续通知书后，申请人在规定期限内未按照规定办理登记手续的，应当发出视为放弃取得专利权通知书。

147. 国家知识产权局发出授予专利权通知后申请人是不是就一定能够获得专利权？

不一定。国家知识产权局发出授予专利权的通知后，如果申请人在规定期限之内未办理登记手续,则视为放弃取得专利权的权利,并通知申请人。该通知应当在期满后1个月内作出,并指明恢复权利的法律程序。自该通知发出之日起4个月期满,未办理恢复手续的,或者专利局作出不予恢复权利决定的,将专利申请进行失效处理。对于发明专利申请,视为放弃取得专利权的,还应当在专利公报上予以公告。

对于实用新型和外观设计专利申请,申请人未缴纳或未缴足专利登记费、公告印刷费和授权当年年费的,或者对于发明专利申请,申请人未缴纳或未缴足专利登记费、公告印刷费、授权当年年费和除授权当年外各年度申请维持费的,视为未办理登记手续。申请人已缴纳上述费用但未缴纳专利证书印花税的,不发给专利证书,但专利权授予的登记和公告程序照常进行,待申请人补缴专利证书印花税后补发专利证书。

148. 专利权何时生效?

申请人在规定期限之内缴费办理登记手续的,国家知识产权局应当颁发专利证书(含授予专利权决定),并同时予以登记和公告,专利权自公告之日起生效。

申请人办理登记手续后,国家知识产权局应当制作专利证书,进行专利权授予登记和公告授予专利权决定的准备。专利证书制作完成后即可按照有关规定邮寄给专利权人。在特殊情况下，也可按照相关规定直接送交专利权人。

149. 专利授权后，权利人能否主动申请放弃？用何种程序？

专利授权后，专利权人可以主动放弃专利权。主动放弃专利权的，应当使用国家知识产权局统一制定的表格，提出书面声明。放弃专利权只能放弃一件专利的全部，放弃部分专利权的声明视为未提出。放弃一件有2名以上专利权人的专利，应当由全体权利人同意。部分权利人放弃专利权的应当办理著录事项变更手续。

另外，专利权人未按照规定缴纳年费的，专利权即提前终止，相当于专利权人放弃了专利权。

150. 专利登记簿有什么法律效力？

国家知识产权局在授予专利权时，建立专利登记簿，专利登记簿与专利证书上记载的内容一致，在法律上具有同等效力；专利权授予后，专利的法律状态变更仅在专利登记簿上记载，由此导致专利登记簿与专利证书上记载的内容不一致的，以专利登记簿上记载的法律状态为准。专利登记簿副本可以作为证明专利法律状态的凭证。

151. 如果需要专利登记簿副本，怎么办？

专利登记簿副本是证明专利法律状态的凭证。公告授予专利权之后，任何人都可以向国家知识产权局请求出具专利登记簿副本。请求出具专利登记簿副本的，应当缴纳费用。

国家知识产权局收到有关请求和费用后，通过计算机制成专利登记簿副本，经与专利申请案卷核对无误后，加盖证件专用章发送请求人，并将这一情况记载在申请案卷中。

152. 专利证书记载哪些事项？

专利证书的著录事项包括：专利证书号（顺序号）、发明创造名称、专利号（申请号）、专利申请日、发明人或设计人和专利权人。当一件专利的著录事项过长，在一页纸上记载有困难的，可以增加附页。

一件专利有 2 名以上专利权人的，国家知识产权局可以根据权利人的请求颁发专利证书副本，但是，对同一专利权颁发的副本数目不能超过共同权利人的总数。颁发证书后，因专利权的转让、继承或赠与发生专利权人变更的，国家知识产权局不再向新专利权人或新增专利权人颁发证书副本。专利权终止后，国家知识产权局也不再颁发专利证书副本。专利证书副本标有"副本"字样。颁发专利证书副本要收取专利证书副本费。

153. 专利证书可以更换或补发吗？

专利权归属纠纷经地方知识产权局（或相应职能部门）处理或者人民法院判决后，专利权应归还请求人的，在该处理决定或判决发生法律效力后，当事人可以在办理专利权人变更的同时，请求国家知识产权局更换专利证书。请求更换专利证书的，应当交回原专利证书，并缴纳手续费。国家知识产权局收到更换专利证书的请求后，应当核实专利申请案卷，符合规定的，可以重新制作专利证书发送当事人，原证书记载"已更换"字样后存入专利申请案卷。

专利证书存在打印错误时，专利权人可以退回该证书，请求国家知识产权局更正。国家知识产权局经核对后发现确有打印错误的，应予更正，并应将更换的证书发给专利权人。原证书记载"已更换"字样后存入专利申请案卷。

因专利权的转让、继承或者赠与发生著录事项变更的，均不予更换专利证书。专利证书遗失，除非是因为国家知识产权局的责任造成的，否则不予补发。

154. 专利号的作用是什么？

（1）区别作用。专利号或专利标记可以使其他企业的同类产品与自己的产品区别开来，从而避免消费者混淆，利于消费者挑选商品，增加专利产品的销售。

（2）警示作用。因为专利权是受到国家法律保护的垄断性质的权利，任何人未经许可均不得擅自仿制和销售，标注专利号有助于警示仿冒产品制造者。

（3）广告宣传作用。消费者通常认为标注有专利标记或专利号的产品在技术性能和使用功能等方面要优于同类的其他产品，更加信任专利产品质量，因此，产品标注专利号，能够起到广告宣传作用，有助于扩大产品的市场占有份额。

第五章　专利的行政复议、复审与无效

第五章 专利的行政复议、复审与无效

第一节 专利的行政复议

155. 什么是专利的行政复议程序?

专利的行政复议程序是指当事人认为国家知识产权局作出的具体行政行为侵犯其合法权益,向国家知识产权局提出行政复议申请而启动的行政救济程序。

当事人针对某个具体行政行为提起行政复议,国家知识产权局经过复议后认为该行为(如专利申请视为撤回的决定)确实存在合法性或适当性问题时,就会作出行政复议决定,纠正错误。行政复议是国家行政救济机制中的重要环节,对于保障行政相对人的合法权益,防止和纠正违法的或者不当的具体行政行为,具有重要意义。

国家知识产权局负责法制工作的机构具体办理行政复议事项。

156. 对哪些具体行政行为不服可以申请行政复议?

并不是国家知识产权局的所有行政行为都可以申请行政复议。可以申请复议的具体行政行为如下:

（1）对国家知识产权局作出的有关专利申请、专利权的具体行政行为不服的。

（2）对国家知识产权局作出的有关专利复审、无效的程序性决定不服的。

（3）对国家知识产权局作出的有关专利代理管理的具体行政行为不服的。

（4）认为国家知识产权局作出的其他具体行政行为侵犯其合法权益的。

157. 对哪些事项不服也不能申请专利行政复议？

（1）专利申请人对驳回专利申请的决定不服的。

（2）复审请求人对复审请求审查决定不服的。

（3）专利权人或者无效宣告请求人对无效宣告请求审查决定不服的。

（4）专利权人或者专利实施特别许可的被许可人对特别许可使用费的裁决不服的。

（5）国际申请的申请人对国家知识产权局作为国际申请的受理单位、国际检索单位和国际初步审查单位所作决定不服的。

（6）法律、法规规定的其他不能申请行政复议的情形。

158. 对驳回决定、复审决定、无效宣告请求审查决定不服可以申请行政复议吗?

对驳回决定、复审决定、无效宣告请求审查决定不服的,不能申请行政复议。专利申请人对国家知识产权局的驳回决定不服的,还可以向国家知识产权局请求复审。经复审作出复审决定后,专利申请人对复审决定仍然不服的,可以向人民法院起诉。自国家知识产权局公告授予专利权之日起,任何单位或者个人可以依法请求国家知识产权局宣告该专利权无效。专利权人或无效宣告请求人对国家知识产权局宣告专利权无效或者维持专利权的决定不服的,也可以向人民法院起诉。

159. 针对同一具体行政行为不服可以同时提起行政复议和行政诉讼吗?

针对同一具体行政行为不服的,不能同时提起行政复议和行政诉讼。行政复议机关和人民法院不能同时解决同一个行政争议,采取行动前,当事人可以自由在二者之间进行选择。

但是,如果向人民法院提起行政诉讼,法院已经依法受理,就不能再向国家知识产权局申请行政复议。如果向国家知识产权局申请行政复议,已经被依法受理,在法定行政复议期限内不得再向人民法院提起行政诉讼。

国家知识产权局受理行政复议申请后,发现在受理前或者受理后当事人向人民法院提起行政诉讼并且已经依法受理的,可以驳回行政复议申请。

160. 对行政复议决定不服还可以再提起行政诉讼吗?

当事人若对行政复议决定不服,还有权向人民法院提起行政诉讼。但须注意的是,若当事人不经行政复议程序而径直选择司法程序,法院作出生效判决后,当事人就不能再申请行政复议,因为司法判决具有终局性,行政机关无权推翻人民法院作出的司法判决。

第二节 专利复审程序

161. 什么是复审程序?设立复审程序有什么意义?

复审程序是因申请人对国家知识产权局作出的驳回决定不服而启动的救济程序。国家知识产权局对申请人提交的专利申请经过审查认为不符合专利授权条件,就会作出驳回决定。申请人对驳回决定不服的,可以请求复审。国家知识产权局受理申请人的复审请求后,通过形式审查、原审查部门的前置审查以及合议审查后,再作出复审决定。

复审程序是因申请人对驳回决定不服而启动的救济程序,同时也是专利审批程序的延续,对维护专利申请人的正当权益起着重要作用,也是专利审查机关纠正失误的机会。在专利审查过程中,由于专利审查人员的认识、理解和经验等原因,难免会出现错误。为了纠正专利审查中可能出现的错误,给申请人一次申诉的机会,设置了复审程序。如果的确因为专利审查部门的失误,在专利申请授权过程中出现了错误结果,则可以通过复审程序予以弥补。复审程序是整个专利审批过程中不可缺少的一环。

162. 什么情况下可以提出复审请求?怎样提出复审请求?

在审查程序中,申请人应审查员要求陈述意见、进行修改或补正后,国家知识产权局认为申请仍不符合规定的,将作出驳回申请的决定,并通知申请人。专利申请人对国家知识产权局作出的驳回申请的决定不服的,可以自收到通知之日起3个月内,向国家知识产权局请求复审。国家知识产权局复审后,作出决定,并通知专利申请人。可以请求复审的驳回决定包括初步审查和实质审查程序中驳回专利申请的决定。请求人未针对国家知识产权局所作出的驳回决定提出复审请求的,复审请求将不予受理。

提出复审请求时,需向国家知识产权局递交复审请求书,并且说明理由,必要时还应当附具有关证据。复审请求应当由全体申请人共同提出,并向国家知识产权局收费处缴纳复审费。

163. 哪些复审案件可以优先审查?什么情况下适用?多长时间结案?

对发明、实用新型和外观设计专利申请的复审都可以申请优先审查,具体适用案件的案件类型,和专利申请优先审查的案件类型一样。

国家知识产权局同意进行优先审查的专利复审案件,应当自同意之日起的7个月内结案。

164. 复审程序的流程是什么?

复审程序的审查流程包括形式审查、前置审查、合议审查和复审决定四个阶段。国家知识产权局收到复审请求书后,首先进行形式审查,经形式审查符合《专利法》及其实施细则和《专利审查指南》有关规定的,国家知识产权局向请求人发出"复审请求受理通知书"。对于经形式审查后不符合要求需要补正的,国家知识产权局则向请求人发出"补正通知书",请求人应当在收到补正通知书之日起的指定期限内补正。期满未补正或者未陈述意见的,或在指定期限内补正但经两次补正后仍存在同样缺陷的,其复审请求被视为未提出。

受理复审请求后,国家知识产权局就会将其请求书(包括附具的证明文件和修改后的申请文件)连同原申请案卷一并送交作出驳回申请决定的原审查部门进行前置审查。前置审查的结果有三种:第一种是认为复审请求的理由成立,同意撤销原驳回决定;第二种是请求人提交的修改克服了原申请的缺陷,同意在修改的基础上撤销原驳回决定;第三种是请求人陈述的意见和提交的修改仍不足以撤销原驳回决定,则坚持原驳回决定。

如果原审查部门同意或在修改的基础上同意撤销原驳回决定,国家知识产权局将直接撤销原驳回决定,并通知复审请求人,由原审查部门继续审查程序。如果原审查部门作出决定维持原驳回决定,国家知识产权局专利局复审和无效审理部则成立合议组进行合议审查。合议审查可以采取书面审理、口头审理或者书面审理与口头审理相结合的方式进行。合议审查过程中,合议组对复审请求书、申请案卷和原审查部门的前置审查意见进行全面研究。复审决定将维持驳回决定的,或需要请求人依照有关规定修改申请文件,才有可能撤销驳回决定的,或需要请求人进一步提供证据或者对有关问题予以说明的,以及需要引入驳回决定未提出的理由或者证据的。合议组应当发出复审通知书(包括复审请求口头审理通知书)或者进行口头审理，以便复审请求人答复和陈述意见。

请求人应在指定的答复期内给予答复，期满未答复的，该复审请求视为撤回。国家知识产权局进行复审后，认为原驳回决定不符合相关规定的，或者认为经过修改的专利申请文件消除了原驳回决定指出的缺陷的，应当撤销原驳回决定，由原审查部门继续审查程序并通知专利申请人。

经陈述意见或者进行修改后，国家知识产权局认为仍不符合有关规定的，应当作出驳回复审请求、维持原驳回决定的复审决定。在该过程中请求人也可以向合议组提出口头审理的请求，经合议组同意后举行口头审理，当然合议组也可以根据需要进行口头审理，通知请求人按期参加。

165. 复审决定有哪些？

（1）若复审请求不成立，则维持驳回决定。

（2）若复审请求成立，则撤销驳回决定。

（3）若专利申请文件经复审请求人修改，克服了驳回决定所指出的缺陷，则在修改文本的基础上撤销驳回决定。

对于后两种情形，国家知识产权局将该专利申请有关的案卷返回给原审查部门，由原审查部门继续审批程序。

166. 申请人在哪里提交复审请求?

复审请求书应当向国家知识产权局负责专利复审的部门邮寄或递交。如果专利申请是电子申请,申请人可以通过电子申请系统客户端(CPC 客户端)中的"复审无效"窗口提交复审请求。

167. 对驳回决定不服可以直接向人民法院起诉吗?

根据《中华人民共和国行政诉讼法》规定,申请人对驳回决定不服不能直接向人民法院提起行政诉讼,而是必须要先向国家知识产权局请求复审,当申请人收到复审决定后仍然不服的才能启动行政诉讼程序,寻求司法救济。这样既可以保证行政程序的合法性和合理性,又能从一定程度上节约司法审判资源。

168. 对复审决定不服怎么办?

若复审决定维持驳回决定,申请人的专利申请不能被授予专利权,而申请人对复审决定仍然不服,可以在收到通知之日起 3 个月内向人民法院起诉,启动行政诉讼程序,寻求司法程序救济。

第三节 专利无效程序

169. 什么是专利无效程序？可以针对哪些专利提出无效宣告请求？

专利申请自公告授权之日起，任何单位或者个人认为该专利权的授予不符合《专利法》有关规定的，都可以请求国家知识产权局宣告该专利权无效。国家知识产权局受理专利无效请求后，要对该项专利作进一步的审理，判断其是否符合专利法规定的授权条件，纠正审查中的错误或肯定审查的正确，从而作出决定，宣布该专利权无效、有效或部分有效，并将该决定由国家知识产权局登记和公告。这一法律程序即为无效宣告程序。

无效宣告请求的对象是已经公告授权的专利，包括已经终止、放弃（自申请日起放弃的除外）或者已被宣告部分无效的专利。

170. 专利无效程序的设置有什么价值？

专利权是对发明创造所享有的专有权，具有独占性和排他性。对符合专利法规定的专利申请授予专利权，是由于发明人对社会作出了贡献，从而依法授予申请人一定期限的专利权以直接或间接补偿、奖励发明人。对不符合专利法规定的专利申请授予专利权则是对社会和公众应有权益的不合理限制和侵害。作为一种无形财产，对专利权及其归属的确认比有形财产要复杂困难得多。虽然专利权从申请到授权已经过一系列的法律程序，但仍难免出现少数不符合专利法规定的专利申请被授予专利的情况。专利权无效宣告程序可以使社会公众有请求宣告该专利权无效的机会，纠正不符合专利法规定的错误授权，进而维护社会和公众的合法权益。

171. 怎样提出无效宣告请求？需要提交哪些文件？

请求宣告专利权无效或者部分无效的，请求人应当自提出无效宣告请求之日起1个月内缴纳无效宣告请求费，还应当提交无效宣告请求书和证据各一式两份。无效宣告请求书中应当明确无效宣告请求范围、理由，无效宣告请求应当结合提交的所有证据，具体说明无效宣告请求的理由，并指明每项理由所依据的证据，并对其提交的证据材料逐一分类编号，要与无效宣告请求书附件清单内容一致。

请求人在规定期限内未缴纳或者未缴足无效宣告请求费的，或未在指定期限内答复补正通知书的，或在指定期限内补正但经两次补正后仍存在同样缺陷的，以及在中国没有经常居所或者营业所的外国人、外国企业或者外国其他组织作为请求人未按规定委托，且未在指定期限内补正的，均视为未提出无效宣告请求。

172. 什么样的无效宣告请求国家知识产权局不予受理？

下述几种情况下的无效宣告请求，国家知识产权局不予受理：

（1）请求人不具备民事诉讼主体资格。

（2）无效宣告请求不是针对已经公告授权专利提出。

（3）对已被生效的复审审查决定宣告无效的专利权再次提出无效宣告请求。

（4）专利权人针对其专利权提出无效宣告请求且请求宣告专利权全部无效、所提交的证据不是公开出版物或者无效宣告请求人不是共有专利权的所有专利权人。

（5）无效宣告请求的理由不符合《专利法》相关规定。

（6）针对同一专利又以同样的理由和证据重复请求无效宣告。

（7）未具体说明无效宣告理由，或者提交证据但未结合提交的所有证据具体说明无效宣告理由，或者未指明每项理由所依据的证据。

（8）在中国没有经常居所或者营业所的外国人、外国企业或者外国其他组织作为请求人未按规定委托专利代理机构，并且在指定期限内补正不合格。

（9）无效宣告请求以授予专利权的外观设计与他人在申请日以前已经取得的合法权利相冲突为理由请求宣告外观设计专利权无效，但请求人不能证明其是在先权利人或者利害关系人，或者未提交证明权利冲突的证据。

（10）多个请求人共同提出一件无效宣告请求，但属于所有专利权人针对其共有的专利权提出的除外。

173. 宣告专利权无效的理由是什么？

专利权无效宣告请求可依据的法定理由有以下几种：

（1）专利主题不符合专利定义，即授予专利权的发明创造不是《专利法实施细则》所说的发明或者实用新型。

（2）授予专利权的发明创造违反法律、社会公德或者妨害公共利益或者按照专利法规定不在授予专利权之列。

（3）授予专利权的发明或实用新型不具备新颖性、创造性或者实用性；授予专利权的外观设计与已有外观设计相同或者近似，或者与他人的在先权利相冲突。

（4）发明、实用新型专利说明书公开不够充分。

（5）权利要求书不清楚、不简明或者缺少必要技术特征，或者权利要求书没有以说明书为依据。

（6）授予专利权所依据的修改过的专利申请或者分案申请超出了原说明书和权利要求书记载的范围。

174. 无效宣告请求受理后发现新的无效理由怎么办?

无效宣告请求被受理后，请求人可以在提出无效宣告请求之日起1个月内增加无效宣告理由，并且应当在该期限内对所增加的无效宣告理由具体说明。请求人在提出无效宣告请求之日起1个月后增加无效宣告理由的，一般不予考虑，但以下两种情形除外：一是针对专利权人以合并方式修改的权利要求，在指定期限内增加无效宣告理由，并在该期限内对所增加的无效宣告理由具体说明；二是对明显与提交的证据不相对应的无效宣告理由进行变更。

在无效宣告程序中，请求人可以放弃全部或者部分无效宣告理由，专利权人也可以主动缩小专利权保护范围或放弃从属权利要求，当事人还有权自行与对方和解。

175. 无效宣告请求受理后还可以补充证据吗?

无效宣告请求被受理后，请求人还可以在提出无效宣告请求之日起1个月内补充证据，并且应当在该期限内结合该证据具体说明相关的无效宣告理由。无效宣告请求提出之日起1个月后补充证据的，一般不予考虑，但下列情形除外：一是针对专利权人以合并方式修改的权利要求或者提交的反证，在指定期限内补充证据，并在该期限内结合该证据具体说明相关无效宣告理由；二是在口头审理辩论终结前提交技术词典、技术手册和教科书等所属技术领域的公知常识性证据或者用于完善证据法定形式的公证书、原件等证据，并在该期限内结合该证据具体说明相关无效宣告理由。

专利权人应当在指定的答复期限内提交证据，但对于技术词典、技术手册和教科书等所属技术领域的公知常识性证据或者用于完善证据法定形式的公证书、原件等证据，可以在口头审理辩论终结前补充。专利权人提交或者补充证据的，应当在上述期限内对提交或者补充的证据具体说明。专利权人提交或者补充证据不符合上述期限规定或者未在上述期限内对所提交或者补充的证据具体说明的，不予考虑。

对于有证据表明因无法克服的困难在上述期限内不能提交的证据，当事人可以在所述期限内，以书面方式请求延期提交。请求人也可以放弃提交证据的权利。

176. 在专利无效程序中是否可以修改专利申请文件？

无效宣告请求人提交的用于证明已授权发明或实用新型不具备新颖性或创造性的对比文件，假如这些对比文件可能造成整个专利权被宣告无效，那就不存在修改专利申请文件的问题。但如果提交的对比文件只能使部分权利要求丧失，或者由于对比文件的出现使独立权利要求的前序部分和特征部分需要重新划界，此时是允许专利权人通过修改权利要求书而部分保留专利权的，但只限于修改权利要求书，而不能修改说明书，而且修改是有一定限制的。

（1）发明或者实用新型专利文件的修改仅限于权利要求书，但修改不得改变原权利要求书的主题名称，不得扩大原专利的保护范围，不得超出原说明书和权利要求书记载的范围，一般也不得增加未包含在授权的权利要求书中的技术特征。外观专利的专利权人不得修改其专利文件。

（2）修改权利要求书的具体方式一般限于权利要求的删除、合并和技术方案的删除。在独立权利要求未作修改的情况下，不允许对其从属权利要求进行合并式修改。

177. 在专利无效程序中专利权人需要做哪些工作？

国家知识产权局受理无效宣告请求后，会将专利权无效宣告请求书和有关文件的副本送交专利权人，要求其在指定的期限内陈述意见。

专利权人和无效宣告请求人应当在指定期限内答复国家知识产权局发出的转送文件通知书或者无效宣告请求审查通知书；期满未答复的，不影响复审案件的审理。

在无效宣告请求审查程序中，包括以上指定期限在内的国家知识产权局指定的期限是不能延长的。

178. 专利无效程序中口头审理怎么进行？

国家知识产权局根据当事人的请求或者案情需要，可以决定对无效宣告请求进行口头审理。决定口头审理的，应当向当事人发出口头审理通知书，告知举行口头审理的日期和地点。当事人应当在通知书指定的期限内作出答复。

无效宣告请求人对国家知识产权局发出的口头审理通知书在指定的期限内未作答复，并且不参加口头审理的，其无效宣告请求视为撤回；专利权人不参加口头审理的，可以缺席审理。

179. 专利无效程序进行过程中无效宣告请求人能否撤回其请求？

国家知识产权局受理无效宣告请求后、作出决定前，无效宣告请求人可以撤回其请求。无效宣告请求人撤回其请求或者其无效宣告请求被视为撤回的，无效宣告请求审查程序终止。但是，国家知识产权局认为根据已进行的审查工作能够作出宣告专利权无效或者部分无效的决定的，不会应无效宣告请求人的撤回请求而终止审查程序。

180. 哪些专利权无效宣告案件可以请求优先审查？多长时间结案？

对发明、实用新型和外观设计专利的无效宣告案件均可申请优先审查。具体来说，以下两种情况下可以要求优先审查：

（1）针对专利权无效宣告案件涉及的专利发生侵权纠纷，当事人已请求地方知识产权局处理、向人民法院起诉或者提交仲裁。

（2）专利权无效宣告案件涉及的专利对国家利益或者社会公共利益具有重大意义。

优先审查主要针对存在专利侵权纠纷的专利权无效宣告案件，以便更准确、及时确定专利权的有效性，解决目前突出存在的专利维权"周期长"的问题。同时，当专利权无效宣告案件涉及的专利具有重大影响和重大意义时，也需要通过优先审查来更好地维护国家利益或者社会公共利益。

国家知识产权局同意进行优先审查的，应当自同意之日起，发明和实用新型专利无效宣告案件在5个月内结案，外观设计专利无效宣告案件在4个月内结案。

181. 专利权被宣告无效的法律后果如何？

专利权被宣告无效后，专利权视为自始即不存在。即视为该专利权从授权之日起就不产生法律上的约束力。

宣告专利权无效的决定,对在宣告专利权无效前人民法院作出并已执行的专利侵权的判决、调解书,已经履行或者强制执行的专利侵权纠纷处理决定,以及已经履行的专利实施许可合同和专利权转让合同,不具有追溯力。但有两种例外:

(1)如果因专利权人的恶意给他人造成的损失,应当由专利权人给予赔偿。

(2)如果根据第(1)项规定不返还专利侵权赔偿金、专利使用费、专利权转让费明显违反公平原则的,专利权人应当全部或者部分返还上述费用。

182. 对国家知识产权局作出的无效宣告审查决定不服怎么办?

国家知识产权局对宣告专利权无效的请求应当及时审查和作出决定,并通知请求人和专利权人。宣告专利权无效的决定,由国家知识产权局登记和公告。

对国家知识产权局宣告专利权无效或者维持专利权的决定不服的,可以自收到通知之日起3个月内向人民法院起诉。人民法院应当通知无效宣告请求程序的对方当事人作为第三人参加诉讼。

第六章 专利权

第六章 专利权

第一节 专利权人的权利

183. 专利授权后,专利权人享有哪些权利?

专利授权后,根据专利法相关规定,专利权人享有如下权利:

(1) 自己实施其专利的权利,即自己享有制造、使用、销售、许诺销售和进口其专利产品或者使用其专利方法的行为。

(2) 许可他人实施其专利并有权向被许可方收取专利使用费,被许可方取得相应的专利实施权并向专利权人支付专利使用费。

(3) 禁止他人实施其专利的权利。未经专利权人许可,任何单位或者个人,都不得实施其专利,即不得为生产经营目的制造、使用或者销售其专利产品,或者使用其专利方法。外观设计专利权被授予后,任何单位或者个人未经专利权人许可,都不得实施其专利,即不得为生产经营目的制造或者销售其外观设计专利产品。

(4) 请求保护的权利。对未经专利权人许可,实施其专利的侵权行为,专利权人或者利害关系人可以请求专利行政管理机关进行处理,也可以直接向人民法院起诉。

(5) 转让专利权的权利。专利申请权也可以转让。中国单位或者个人向外国人转让专利申请权或者专利权的，必须经国务院有关主管部门批准。转让专利申请权或者专利权的，当事人必须订立书面合同，经国家知识产权局登记和公告后生效。

（6）在产品上标明专利权的权利，专利权人有权在其专利产品或该产品的包装上标明专利标记和专利号。

此外，专利权人还可以将专利权进行质押融资等。

184. 专利权是从申请日起开始保护吗？

专利权保护是一个广义的概念，它的核心是指专利申请人或专利权人对自己的发明创造拥有排他性的独占权。一项专利从申请到授权，从权利保护角度来看，以申请案公布和授权为节点，可分为三个阶段，每个阶段所受的保护有所不同。毋庸讳言，获得授权后的专利肯定是可以受到保护的。事实上，自申请日起至授权前，权利也受到一定程度的保护。以发明专利申请为例，自申请日起至该申请公布前这段时间，由于申请处于保密阶段，对其保护主要体现在，对该专利申请之后他人又就同样主题提出专利申请的，因与该专利申请相抵触从而不具备新颖性，不授予专利权。自该申请公布至其授予专利权前这一阶段是"临时保护"阶段。在此期间，申请人虽然不能对未经其允许实施其发明的人提起诉讼，予以禁止，但可以要求其支付适当的使用费。如果对方拒绝付费，申请人可以在获得专利权之后提起诉讼。这一阶段申请人只有有限的独占权。

185. 专利权人想要维持专利权，应该如何做？

专利申请被授予专利权后，专利权人应于上一年度期满前缴纳下一年度的年费。期满未缴纳或未缴足的，专利权人可以自应当缴纳年费期满之日起6个月内补缴，同时按超过的时间缴纳滞纳金。补缴期满年费和滞纳金未缴纳的或者缴纳数额不足的，专利权自上一年度届满终止。

186. 专利权终止的原因有哪些？

（1）期限届满终止。保护期限自申请日起算。

（2）未缴费终止。国家知识产权局发出缴费通知书，通知申请人缴纳年费及滞纳金后，申请人到期仍未缴纳或缴足年费及滞纳金的，自滞纳金期满之日起2个月内，最早不得早于1个月，作出专利权终止通知，通知专利权人，专利权人未启动恢复程序或恢复未被批准的，应在终止通知书发出4个月后，在专利登记簿和专利公报上分别予以登记和公告。之后，将专利申请案卷存入失效案卷库。专利权自上一年度届满终止。

（3）专利权人主动请求放弃其专利权。专利权人主动放弃专利权的，应当使用国家知识产权局统一制定的表格，提出书面声明。放弃专利权只能放弃一件专利的全部，放弃部分专利权的声明视为未提出。专利权人不是真正拥有人，恶意要求放弃专利权后，专利权真正拥有人（必须提供生效的法律文书来证明）可要求撤销该声明。

放弃一件有2名以上专利权人的专利，应当由全体权利人同意。部分权利人放弃专利权的，应当办理著录事项变更手续。符合规定的放弃专利权声明应予批准，并将有关事项分别在专利登记簿和专利公报上登记和公告。

187. 专利权（或申请权）在什么情况下可以恢复？

当事人因正当理由耽误期限的，可以在收到国家知识产权局发出的处分决定之日起2个月内，向国家知识产权局请求恢复权利。请求恢复权利的，应当提交恢复权利请求书，说明耽误期限的正当理由，缴纳恢复费，请求人在请求恢复权利的同时，还应当办理权利丧失前应当办理的相应手续，消除造成权利丧失的原因。

申请人因未缴纳申请费，其专利申请被视为撤回的，在请求恢复权利的同时，还应当补缴规定的申请费；申请人因逾期未答复审查员意见，其专利申请被视为撤回的，在请求恢复权利的同时，还应当补交答复文件；申请人因逾期未办理实质审查请求手续，其专利申请被视为撤回的，在请求恢复权利的同时，还应当补交实质审查请求书，并补缴实质审查请求费；申请人因未办理登记手续被视为放弃取得专利权的,在请求恢复权利的同时,还应当补缴专利登记费、授权当年的年费和印花税;专利权人因未缴纳年费,其专利权被终止的,在请求恢复权利的同时,还应当补缴相应年费和滞纳金。

申请人(或专利权人)对国家知识产权局发出的处分决定有异议的,应当先办理恢复权利手续,然后提交意见陈述书向国家知识产权局陈述意见。

第二节 专利的实施与运用

188. 什么是专利实施?

专利实施,是指把已经获得专利权的发明创造应用于工业生产的活动,既包括专利权人自己实施其专利,又包括专利权人或国家以许可证方式许可他人实施其专利。只要把已获得专利权的发明创造真正应用于工业生产,即为专利的实施。

专利实施是推动社会发展与进步,促进科学技术传播并取得社会、经济效益,创造社会物质财富的重要途径。因此,世界各国都十分重视专利实施问题。我国专利法规定,国务院专利行政部门、地方人民政府管理专利工作的部门应当会同同级相关部门采取措施,加强专利公共服务,促进专利实施和运用。

189. 广义专利实施许可的方式有几种？

专利实施许可针对的仅仅是专利的使用权，转让方仍拥有专利权，受让方只获得了实施专利技术的权利。根据专利权人的主观意愿，可以把专利实施许可分为如下两类。

（1）狭义的专利实施许可，也称专利许可证贸易，是指专利权人或其授权的人许可他人在一定期限、一定地区、以一定方式实施其专利，并向被许可人收取专利许可使用费。其又可以分为独占实施许可、排他实施许可、普通实施许可、交叉实施许可和分许可。

（2）专利实施的特别许可，是指非基于专利权人和具体实施专利一方充分协商而进行的专利实施和运用。专利实施的特别许可又可分为两类：

① 专利开放许可，是指专利权人自愿以书面方式向国家知识产权局声明愿意许可任何单位或者个人实施其专利，并明确许可使用费支付方式和标准的专利实施许可。

② 专利实施强制许可，又称专利非自愿许可，是指国家知识产权局依法定条件和程序颁发给被许可人的专利使用许可。申请人获得这种许可后无须专利权人同意即可得以实施专利，但应支付给专利权人合理的使用费。强制许可的对象仅指发明和实用新型专利，不包括外观设计。专利的强制许可又可分为专利实施的指定许可、不实施的强

制许可、为了国家利益或公共利益的强制许可、为了公共健康目的的强制许可和从属专利的强制许可。

190. 狭义专利实施许可有几种类型?

按照被许可人取得实施权的范围和权限,可以将专利实施许可分为如下几种类型:

(1) 独占实施许可,简称独占许可,即在一定的时间和有效地域范围内,被许可人享有独占的实施权,专利权人不得向其他人许可实施该专利,且专利权人本人也不得实施该专利。

(2) 排他实施许可,简称排他许可或独家许可,即在一定的时间和有效地域范围内,专利权人仅许可被许可人实施该专利权,不得许可其他人实施该专利,但专利权人本人可以实施该专利。

(3) 普通实施许可,亦称普通许可,即在一定的时间和有效地域范围内,专利权人在许可被许可人实施该专利权的同时,还可以许可其他人实施该专利,专利权人本人也可以实施该专利。

(4) 交叉实施许可,简称交叉许可或互换实施许可,即两个专利权人之间相互许可对方实施自己的专利。

(5) 分实施许可,简称分许可,即专利权人许可被许可人实施其专利,同时授权被许可人有权许可第三人实施该专利。

需要注意的是，专利权人与他人订立的专利实施许可合同的，应当自合同生效之日起 3 个月内向国家知识产权局备案。

191. 实施专利开放许可需要注意哪些问题？

专利权人自愿以书面方式声明愿意许可任何单位或者个人实施其专利，并明确许可使用费支付方式、标准的，由国家知识产权局予以公告。如果任何单位或者个人有意愿实施开放许可的专利的，以书面方式通知专利权人，并依照公告的许可使用费支付方式、标准支付许可使用费后，即获得专利实施许可。

国家为鼓励专利权人实施开放许可，在开放许可实施期间，对专利权人缴纳专利年费相应给予减免。此外，实行开放许可的专利权人可以与被许可人就许可使用费进行协商后给予普通许可，但不得就该专利给予独占或者排他许可。

专利权人可以撤回开放许可，撤回声明应当以书面方式提出，并由国家知识产权局予以公告。开放许可声明被公告撤回的，不影响在先给予的开放许可的效力。

需要注意的是，由于专利开放许可要收取专利许可使用费，考虑到实用新型和外观设计专利没有经过实质审查，有专利权不稳定之虞，因此，专利权人就实用新型、外观设计专利提出开放许可声明的，应当提供专利权评价报告。

192. 什么情况下可以对专利实施强制许可?

下列情况下可以对专利实施强制许可:

(1) 专利实施的指定许可,又称专利强制推广,是指对国有企业事业单位的发明专利,对国家利益或者公共利益具有重大意义的,国务院有关主管部门和省、自治区、直辖市人民政府报经国务院批准,可以决定在批准的范围内推广应用,允许指定的单位实施,由实施单位按照国家规定向专利权人支付使用费。需要强调的是,对非国有企业事业单位不适用指定许可,对实用新型和外观设计也不适用指定许可。

(2) 不实施的强制许可,也叫防止滥用的强制许可,是指专利权人及其被许可人实施其专利的方式或者规模不能满足国内对专利产品或者专利方法的需求。在此种情况下,具备实施条件的单位以合理的条件请求发明或者实用新型专利权人许可实施其专利,而未能在合理长的时间内获得这种许可时,国家知识产权局根据该单位的申请,可以给予实施该发明专利或者实用新型的强制许可。批准这种强制许可有两种情况:①专利权人自专利权被授予之日起满3年,且自提出专利申请之日起满4年,无正当理由未实施或者未充分实施其专利的,具备实施条件的单位或者个人可以根据专利法的规定,请求给予强制许可。②专利权人行使专利权的行为被依法认定为垄断行为的,为消除或者减少该行为对竞争产生的不利影响,具备实施条件的单位或者个人可以根据专利法的规定,请求给予强制许可。

(3)为了国家利益或公共利益的强制许可。在国家出现紧急状态或者非常情况时,或者为了公共利益的目的,国家知识产权局可以给予其指定的具备实施条件的单位强制许可。

(4)为了公共健康目的的强制许可。这是为了解决公共健康问题所需的医药领域的任何专利产品或者依照专利方法直接获得的产品,包括取得专利权的制造该产品所需的活性成分以及使用该产品所需的诊断用品。具备实施条件的单位可以根据专利法规定,请求给予制造取得专利权的药品并将其出口到最不发达国家或者地区,或依照有关国际条约通知世界贸易组织表明希望作为进口方的该组织的发达成员或者发展中成员。

(5)从属专利的强制许可。一项取得专利权的发明或者实用新型比先前已经取得专利权的发明或者实用新型具有显著经济意义的重大技术进步,其实施又有赖于前一发明或者实用新型的实施的,该专利权人可以请求给予实施前一专利的强制许可。

193. 专利实施强制许可的被许可人有哪些权利和义务?

取得实施强制许可的单位或者个人不享有独占的实施

权,并且无权允许他人实施,同时不影响原专利权人专利权的其他权利。也就是说,发明专利或者实用新型专利的所有权仍归专利权人所有,该专利权人自己仍有权实施其专利,并且也有权许可其他人实施。取得实施强制许可的单位或者个人应当付给专利权人合理的使用费,其数额由双方商定;双方不能达成协议的,由国家知识产权局裁决。

专利权人对国家知识产权局关于实施许可的决定或者关于实施特别许可的使用费的裁决不服的,可以在收到通知之日起3个月内向人民法院提起诉讼。

194. 专利实施强制许可的程序有哪些?

专利权人以外的任何单位或者个人,要申请给予强制许可,需要按照如下程序:

(1) 申请人必须向国家知识产权局提出请求。申请给予专利实施强制许可的单位或者个人,须向国家知识产权局提交一份《强制许可请求书》,在请求书中附上规定的证明文件和申请人具备实施该发明专利或者实用新型专利条件的说明材料。另外,还应当提供未能以合理条件与专利权人签订实施许可合同的证明。

(2) 国家知识产权局对申请人的请求进行审查。国家知识产权局收到申请人的请求书和有关证明后,应当审查请求书及相关证明是否属实,并且应当及时将强制许可请求书的副本送交专利权人,专利权人应当在国家知识产权局指定的期限内陈述意见;期满未答复的,不影响国家知识产权局作出决定。

(3)国家知识产权局作出决定。国家知识产权局在听取申请人和专利权人双方的意见后,对于专利权人不实施或者不许可他人实施其专利有正当理由的,应当作出不批准申请人强制实施专利的决定;反之,国家知识产权局应当作出允许申请人强制实施此专利发明或者实用新型的决定。

在作出驳回强制许可请求的决定或者给予强制许可的决定前,应当通知请求人和专利权人拟作出的决定及其理由。作出给予强制许可的决定,应当同时符合中国缔结或者参加的有关国际条约关于为了解决公共健康问题而给予强制许可的规定,但中国作出保留的除外。

(4)登记和公告。对实施强制许可的决定予以登记和公告。

第三节 专利权的转移

195. 什么是专利权的转移?

专利权的转移,是指专利权人通过约定或者法定的方式将其所拥有的专利权转移给另一方的行为,是专利权的权利主体发生的变更。根据转移方式的不同,专利权转移可分为约定转移和法定转移两种。约定转移包括通过转让、质押、出资、信托、遗嘱继承与赠予等方式发生的权利主体变更。法定转移包括通过法定继承、企业合并和强制执行发生的权利主体变更。

196. 什么是专利权转让?

专利权转让是专利权人实现经济利益的重要方式之一。专利权转让是指拥有专利权的人把专利权通过交易方式转让给受让人的一种法律行为。根据专利法的规定,转让专利权的,专利权转让合同的双方当事人应当订立书面合同,并到国家知识产权局办理专利权人变更,由国家知识产权局予以公告。专利权的转让自登记之日起生效。

197. 专利权转让的流程是怎么样的?

(1) 签订专利权转让合同。合同由单位订立的,应当加盖单位公章或者合同专用章。公民订立的,由本人签字或者盖章。有多个专利权人的,应当提交全体权利人同意转让或者赠予的证明材料。

(2) 到技术合同登记机构进行合同备案登记。

(3) 到国家知识产权局办理专利权人变更。向国家知识产权局提交转让合同、专利权人和受让人的身份证明、专利证书复印件和法律状态证明书，申请著录项目变更请求书，一个月内缴纳著录项目变更手续费，并提交相应的证明文件。

《著录项目变更申报书》和证明文件（《专利转让合同》），通过邮局挂号信或 EMS 邮寄到国家知识产权局受理处；著录项目变更费需通过邮局汇到国家知识产权局收费处。注意，邮局汇款单附言一栏中一定要写明："专利号，著录项目变更费×元"。

（4）等待公告，如果资料不全有缺项漏项，需要返回补正。

198. 以专利技术出资有什么要求吗？

专利权人或技术所有人申请以专利技术或非专利技术（"技术成果"）出资设立企业或增加企业注册资本的，凡技术成果评估价值在人民币 100 万元以上（含）的，应要求资产评估机构在评估报告中附上下述材料：

（1）评估对象（即技术成果）所属领域或行业的专家签署的参考意见；

（2）或者政府科技主管部门或相关科研机构出具的鉴定意见，并附具专家名单。专家名单应包括以下详细内容：专家姓名、工作单位、所学专业、现从事研究的领域、职称职务、联系方式。

199. 什么是专利权质押？专利权质押应具备哪些条件？

专利权质押是指专利权人以专利权作为债权担保，当债务人即专利权人不能履行债务时，债权人有权依照法定程序将该专利权折价或转让、拍卖所得价款优先清偿债务的一种担保方式。作为一种担保方式，专利权质押无疑对促进资金融通和商品流通，保障债权的实现，起到越来越重要的作用。专利权质押应具备以下条件：

（1）专利权必须有效。为了保障债权实现，必须保证在质押期限内专利是有效的。这就要求专利权人在质押期内必须缴纳专利费，维持专利权有效。

（2）作为质物的是专利权中可转让的财产权，即具有经济内容的专利的许可权、转让权等，不得包括发明人、设计人的署名权等具有人身性质的权利。

（3）专利申请权是获得专利权的前提，依法可以转让，但由于后期能否获得授权具有不确定性，作为债权担保有重大瑕疵，因此不能作为质物进行质押。

专利权质押合同是要式合同，因此，以专利权出质的，由出质人和质权人共同向国家知识产权局办理出质登记。

200. 专利权可以继承吗?

专利权中纯粹财产性的权利是可以继承的。专利权的继承是指继承人在专利权保护期内,继承专利权中的财产权利部分,如许可他人使用专利权、收取专利使用费的权利等。专利权中带有人身性质的权利是不能继承的,如发明人或设计人在专利文件中写明自己是发明人或设计人的权利。这种带有专享性的人身权利不能作为遗产继承。

第四节 专利权人的义务

201. 专利权人有哪些义务?

根据专利法相关规定,专利权人要获得及保持专利权,须履行如下义务:

(1) 充分公开发明内容的义务。专利法规定,发明或者实用新型专利权的保护范围以其权利要求的内容为准,说明书及附图可以用于解释权利要求。外观设计专利权的保护范围以表示在图片或者照片中的该外观设计专利产品为准。如果专利权人不履行此义务,其发明就得不到法律的保护。

（2）缴纳年费的义务。专利权人应当自被授予专利权的当年开始缴纳年费。逾期不缴纳年费的，专利权即告终止。但当事人因不可抗拒的事由而延误法定期限或者国家知识产权局指定的期限，导致其权利丧失的，自障碍消除之日起2个月内，最迟自期限届满之日起2年内，可以向国家知识产权局说明理由并附具有关证明文件，请求恢复权利。

当事人因正当理由而延误法定期限或者国家知识产权局指定的期限，导致其权利丧失的，可以自收到国家知识产权局通知之日起2个月内向国家知识产权局说明理由，请求恢复权利。当事人请求延长国家知识产权局指定的期限的，应当在期限届满前，向国家知识产权局说明理由并办理有关手续。

202. 如何判断专利说明书是否充分公开？

公开制度已成为专利制度实践中得到普遍接受并遵循的一个原则，可以说是现代专利制度的基石。"以技术本身的公开，换取法律的保护"，这是专利权人为获得专利保护必须支付的代价。于社会而言，技术公开可以有效地避免社会对同一发明创造的重复投入，节约资源，提高效率。根据专利法规定，说明书应当对发明或者实用新型作出清楚、完整的说明，以所属技术领域的技术人员能够实现为准。也就是说，说明书应当满足充分公开发明或者实用新型的要求。充分公开的判断是以所属技术领域的技术人员能够实现为准。

"所属技术领域的技术人员",也可称为本领域的技术人员,是指一种假设的"人",假定他知晓申请日或者优先权日之前发明所属技术领域所有的普通技术知识,能够获知该领域所有的现有技术,并且具有应用该日期之前常规实验手段的能力,但他不具有创造能力。如果所要解决的技术问题能够促使本领域的技术人员在其他技术领域寻找技术手段,他也应具有从该其他技术领域获知该申请日或优先权日之前的相关现有技术、普通技术知识和常规实验手段的能力。

总之,充分公开就是要求公开所有的专利细节,让本专业技术人员不需要再做出开发、研究性质的创造性工作就可以按照公开的专利内容复制出来完全一致的产品;专利不可以隐瞒内容、不可以以隐晦的方式表述,要一目了然。

203. 什么是专利年费?如何缴纳专利年费?

专利年费是指专利权人依照专利法规定,自被授予专利权的当年开始,在专利权有效期内逐年应向国家知识产权局缴纳的费用。

授予专利权当年的年费应当在办理登记手续的同时缴纳,以后的年费应当在上一年度期满前缴纳。缴费期限届满日是申请日在该年的相应日。发明专利、实用新型专利、外观设计专利的年费标准不同，但缴纳的期限和方法是相同的。

"专利年度"是指该专利自申请日起每满一年为一个专利年度。例如，一件专利申请的申请日为2018年6月1日，则自该日起至2019年5月31日为该专利的第一年度，自2019年6月1日至2020年5月31日为该专利的第二年度……以此类推。

专利权人未按时缴纳授予专利权当年以后的年费或者缴纳的数额不足的，专利权人自应当缴纳年费期满之日起最迟6个月内补缴，同时缴纳滞纳金。缴费时间超过规定缴费时间不足1个月的，不收滞纳金，超过规定缴费时间1个月的，每多超出1个月，加收当年全额年费的5%作为滞纳金，例如，缴费时超过规定缴费时间2个月，滞纳金数额为年费标准值乘10%。

第七章　专利权的保护

第七章　专利权的保护

第一节　专利权的保护范围和保护期

204. 发明和实用新型专利权的保护范围如何确定？

发明或者实用新型专利权的保护范围"以其权利要求的内容为准，说明书及附图可以用于解释其权利要求"。也就是说，专利权的保护范围应当以权利要求记载的全部必要技术特征所确定的范围为准，也包括与该必要技术特征相等同的特征所确定的范围。

等同特征是指与所记载的技术特征以基本相同的手段，实现基本相同的功能，达到基本相同的效果，并且本领域的普通技术人员在被诉侵权行为发生时无须经过创造性劳动就能够联想到的特征。等同特征包括两层含义：一是专利权的保护范围以其权利要求为准，即以由专利申请人提出的并经国家知识产权局批准的权利要求书中所记载的权利要求为准，不小于也不大于权利要求书中所记载的权利要求的范围。二是说明书及附图对权利要求具有解释的功能，可以作为解释权利要求的依据。但是，专利权保护的基本依据依然是权利要求书，说明书及附图只具有从属的地位，不能以其作为发明或者实用新型专利权保护的依据。

205. 外观设计专利权的保护范围如何确定？

外观设计专利权的保护范围"以表示在图片或者照片中的该外观设计专利产品为准"。也就是说，外观设计专利权的保护范围，以体现该产品外观设计的图片或者照片为基本依据。另外，外观设计专利权所保护的范围，应当是同类产品。不是同类产品，即使外观设计相同，也不能认为是侵犯了专利权。

206. 专利权的保护期为多长时间？

在我国，发明专利权的保护期限为20年，实用新型专利权为10年，外观设计专利权为15年，均自申请日起计算。

需要注意的是，专利保护期的起算时间是申请日，并非专利授权公告日，各类专利的申请日均早于公告日，也就是说，发明专利权人享有专利权保护期小于20年，实用新型专利权人享有专利权的保护期小于10年，外观设计专利权人享有专利权的保护期小于15年。

207. 专利保护期能否调整和延长?

专利权是垄断性质的权利，其长短直接关系到专利权人对技术的市场垄断期限，关系到社会公共利益。专利是以技术公开来换取垄断式保护，如果不设置保护期或保护期过长，专利的技术垄断会导致不公平竞争，让企业丧失创新动力，同时限制新技术应用与扩散，不利于技术进步；如果保护期过短，有可能使创新者没有足够的时间收回研发成本，不利于社会的创新投入，同样也会影响技术的进步。为鼓励创新，鉴于有些发明专利可能因为国家知识产权局审批时间过长而导致授权迟延和新药专利上市审评审批时间过长等因素，专利法对上述两种情况规定了专利保护期调整和补偿制度。

专利调整制度是指在发明专利申请授权的过程中，自发明专利申请日起满 4 年，且自实质审查请求之日起 3 年后授予发明专利权的，由于国家知识产权局的原因导致的不合理授权延迟，专利权人可以请求补偿专利保护有效期。

专利补偿制度是为补偿新药上市审评审批占用的时间，促进企业持续不断地研发投入，对在中国获得上市许可的新药发明专利，国家知识产权局可以应专利权人的请求给予期限补偿。补偿期限不超过 5 年，新药上市后总有效专利权期限不超过 14 年。

第二节　专利侵权行为

208. 什么是专利侵权行为？专利侵权行为的构成要件是什么？

专利侵权行为是指在专利有效期内，行为人未经专利权人许可而又无法律依据，实施他人专利的行为。构成专利侵权行为须同时具备下列条件：

（1）侵权对象为有效的专利。专利侵权行为的成立必须以有效专利的存在为前提，对无效专利、专利权人放弃的专利、保护期满的专利和因故保护期提前终止的专利的实施不构成侵权。

（2）必须有侵权行为发生。即存在未经专利权人许可实施其专利的行为。

（3）行为人基于生产经营目的实施侵权行为。专利法所称的侵权行为必须是基于生产经营目的的制造、使用、销售、许诺销售、进口等行为。

209. 什么是专利直接侵权行为？

专利法把专利侵权行为分为专利直接侵权行为和专利

间接侵权行为两类。

专利直接侵权行为是指直接由行为人实施的侵犯他人专利权的行为。构成直接侵权行为必须满足两个条件：一是未经权利人许可；二是以生产经营为目的。根据专利法规定，直接侵权行为包括以下四种情况：

（1）为生产经营目的制造、使用、许诺销售、销售或进口他人发明专利产品或实用新型专利产品。

（2）为生产经营目的使用他人的专利方法以及使用、许诺销售、销售或进口依照专利方法直接获得的产品。

（3）为生产经营目的制造、销售、许诺销售或进口他人外观设计专利产品。

（4）假冒专利行为。假冒专利是指在非专利产品上或者在产品的广告宣传中，标明专利权人的专利标记或者专利号，使公众误认为是他人的专利产品的行为。

210. 什么是专利间接侵权行为？

专利间接侵权行为，是指行为人自己虽然没有直接实施专利侵权行为，但实施了诱导、怂恿、教唆、帮助他人侵权或者为他人的侵权行为提供工具、方法等便利条件。专利间接侵权行为包括以下几种：

（1）未经专利权人许可，以生产经营为目的制造、销售、许诺销售、进口专门用于专利产品的关键部件、专门用于专利产品的模具，或专门用于实施专利方法的设备或材料。

（2）未经专利权人授权或委托，擅自许可或是委托他人实施专利技术。

211. 专利间接侵权行为的构成要件是什么？

一般来说，构成专利间接侵权行为应具备三个要件：
（1）专利间接侵权行为的成立应以专利直接侵权行为的存在为前提，没有专利直接侵权行为就没有专利间接侵权行为。
（2）专利间接侵权人实施了诱导、怂恿、教唆、帮助他人侵权或者为他人的专利侵权行为提供了工具、方法等便利条件，上述行为成就了专利直接侵权人的侵权行为。
（3）专利间接侵权人具有主观故意，即"明知"。专利直接侵权的行为人不须具备主观故意性，只要未经专利权人许可实施其专利的行为即构成专利侵权。但专利间接侵权的行为人要求必须是明知，即明知向他人提供的物品是为他人侵犯专利权提供便利仍故意为之的，才构成专利间接侵权行为。

212. 假冒专利行为有哪些？

假冒专利行为包括如下几类：
（1）在未被授予专利权的产品或者其包装上标注专利

标识,专利权被宣告无效后或者终止后继续在产品或者其包装上标注专利标识,或者未经许可在产品或者产品包装上标注他人的专利号。

(2) 销售前项所述产品。

(3) 在产品说明书等材料中将未被授予专利权的技术或者设计称为专利技术或者专利设计,将专利申请称为专利,或者未经许可使用他人的专利号,使公众将所涉及的技术或者设计误认为是专利技术或者专利设计。

(4) 伪造或者变造专利证书、专利文件或者专利申请文件。

(5) 其他使公众混淆,将未被授予专利权的技术或者设计误认为是专利技术或者专利设计的行为。

专利权终止前依法在专利产品、依照专利方法直接获得的产品或者其包装上标注专利标识,在专利权终止后许诺销售、销售该产品的,不属于假冒专利行为。

213. 什么是许诺销售?

许诺销售又被称为为销售而提供,是指以做广告、在商店橱窗中陈列或者在展销会上展出等方式作出销售商品的意思表示。

赋予专利权人许诺销售权的目的在于早期及时制止侵权行为,将侵权行为扼杀在"侵权可能"或"即发侵权"的阶段,阻断侵权产品的销售等后续侵权行为,阻断专利侵权人向合理使用人出售侵权产品的渠道，避免专利权人因使用人的豁免而得不到应有的救济，减少专利权人的损失，加强对专利权人的保护。

214. 什么是专利权的限制？

根据专利法，专利权人对其专利享有独占权，但是，为了平衡专利权人与社会公众之间的利益，各国专利法都在不同程度上对专利权人的权利作了限制性的规定。专利权限制是指专利法规定的，允许第三人在某些特殊情况下可以不经专利权人许可而实施其专利，且其实施行为并不构成侵权的一种法律制度。专利权限制主要包括不视为侵犯专利权的行为和专利实施的强制许可两种。

215. 什么情况下对他人专利的使用，法律不视为侵犯专利权的行为？

专利法规定，有下列情形之一的，不视为侵犯专利权：

（1）专利权的用尽，又称权利穷竭原则。专利权人自己制造、进口或者许可他人制造、进口的专利产品或者依照专利方法直接获得的产品售出后，任何人使用、许诺销售、销售或进口该产品的，不构成侵权。这意味着，专利权人只对专利产品的首次销售享有专有权，对已被首次销售后的专利产品或依照专利方法直接获得的产品不再具有控制权或支配权,对他人的再使用或再销售行为均不视为侵权。

(2)先用权人的实施。专利法规定,在专利申请日前已经制造相同产品、使用相同方法或者已经作好制造、使用的必要准备,并且仅在原有范围内继续制造、使用的,不视为侵权。

(3)临时过境。临时通过我国领域、领水或领空的外国的海陆空运输工具,依照其所属国同我国签订的协议或者共同参加的国际条约,或者依照互惠原则,为运输工具自身需要而在其装置和设备中使用有关专利的,无须得到专利权人许可,不视为侵权。

(4)专为科学研究和实验目的的使用。不是生产经营目的使用,而是专为科学研究和实验目的使用专利产品或者专利方法的,不视为侵权。

(5)医药审批的使用。这是国际上通用的"药品和医疗器械实验例外"规则,又称 Bolar 例外规则,是指为提供行政审批所需要的信息,制造、使用、进口专利药品或者专利医疗器械的,以及专门为其制造、进口专利药品或者专利医疗器械的,不属于专利侵权。

216. 先用权的成立条件是什么?

先用权人实施专利权人的专利,不构成侵权。要构成

先用权,需要同时具备如下条件:

(1)实施行为人在他人取得专利权的专利申请日前已经制造相同产品、使用相同方法或者已经作好制造、使用的必要准备。

(2)实施行为人所实施的发明创造,或者是行为人自行研究开发或者设计出来的,或者是通过合法的受让方式取得的。

(3)在他人就相同的发明创造取得专利权之后,实施行为人只能在原有范围内制造或者使用。

217. 发明和实用新型专利侵权判定的原则是什么?

(1)全面覆盖原则。全面覆盖,是指被控侵权物(产品或方法)将专利权利要求中记载的技术方案的必要技术特征全部再现,被控侵权物(产品或方法)与专利独立权利要求中记载的全部必要技术特征一一对应并且相同。

(2)等同原则。它是指被控侵权物(产品或方法)中有一个或者一个以上技术特征经与专利独立权利要求保护的技术特征相比,从字面上看不相同,但经过分析可以认定两者是相等同的技术特征。在这种情况下,应当认定被控侵权物(产品或方法)落入了专利权的保护范围。专利权的保护范围也包括与专利独立权利要求中必要技术特征相等同的技术特征所确定的范围。

在专利侵权判定中,应当先适用全面覆盖原则,但是，当适用全面覆盖原则判定被控侵权物（产品或方法）不构成侵权的情况下，应当再适用等同原则进行侵权判定。进行等同侵权判断，应当以该专利所属领域的普通技术人员的专业知识水平为准，而不应以所属领域的高级技术专家的专业知识水平为准。

（3）禁止反悔原则。它是指在专利审批、撤销或无效程序中，专利权人为确定其专利具备新颖性和创造性，通过书面声明或者修改专利文件的方式，对专利权利要求的保护范围作出限制声明或者部分放弃，并因此获得授权，在其后的专利侵权诉讼中，法院适用等同原则确定专利权的保护范围时，应当禁止专利权人将已被限制、排除或者放弃的内容重新纳入专利权保护范围。

218. 判定发明和实用新型专利侵权行为的步骤是怎样的？

（1）首先对涉案专利的独立权利要求进行技术特征划分，确定涉案专利的保护范围。权利要求书中记载的第1项权利要求作为独立权利要求，其所包含的技术特征一般称为必要技术特征，即发明或者实用新型为解决其技术问题所不可缺少的技术特征。必要技术特征越少，独立权利要求覆盖范围越大。所以，在确定涉案专利的保护范围时，应当以独立权利要求所覆盖的范围为准。

（2）对被控侵权物的技术构成进行分析，从中找出与涉案专利的必要技术特征相对应的技术特征。为便于对比，在分析涉案专利的技术构成后，也必须按照同样的划分标准对被控侵权物的技术构成进行分析，即将被控侵权物的技术方案逐项细分为相应的技术特征。也就是说要以涉案专利的必要技术特征为基准，按照技术对应关系，明确被控侵权物是否存在对应的技术特征及其具体内容。

（3）将被控侵权物与涉案专利的技术特征依据全面覆盖原则、等同原则以及禁止反悔原则进行对比分析，判断被控侵权物是否落入涉案专利的保护范围。

（4）若被控侵权物的技术特征落入涉案专利保护范围，则从法律上进一步判断相关行为是否侵犯了涉案专利，是否属于专利法所规定的专利侵权行为。

219. 判断外观设计专利侵权时需要注意哪些方面？

首先，同类产品是外观设计专利侵权判定的前提，因此，要先审查被控侵权产品与专利产品是否属于同类产品，不属于同类产品的，不构成侵权。但不排除在特殊情况下，类似产品之间的外观设计亦可进行侵权判定。

其次，要确定外观设计专利权的保护范围。外观设计专利权的保护范围以表示在图片或者照片中的该专利产品的外观设计为准，对外观设计的简要说明可以用于理解该外观设计的保护范围。

（1）专利权人应当提交外观设计的"设计要点图"，

说明其外观设计保护的独创部位及内容；在申请外观设计专利时提交过"设计要点图"的，专利档案可以作为认定外观设计要点的证据。

（2）专利权人请求保护色彩的，应当出具国家知识产权局认可的相关证据，用以确定外观设计的保护范围。

（3）外观设计专利权的保护范围应当排除仅起功能、效果作用，而消费者在正常使用中看不见或者不对产品产生美感作用的设计内容。

第三节 专利纠纷的处理

220. 专利被侵权后有哪些救济途径？

当事人之间因侵犯专利权发生纠纷的，由当事人协商解决；不愿协商或者协商不成的，专利权人或者利害关系人可以向人民法院起诉，也可以请求管理专利工作的部门处理。管理专利工作的部门处理时，认定侵权行为成立的，可以责令侵权人立即停止侵权行为，当事人不服的，可以自收到处理通知之日起15日内依照《中华人民共和国行政诉讼法》向人民法院起诉；侵权人期满不起诉又不停止侵权行为的，管理专利工作的部门可以申请人民法院强制执行。由此可见，专利侵权的解决途径包括自行和解、行政处理和诉讼三种。

管理专利工作的部门应当事人的请求，可以就侵犯专利权的赔偿数额进行调解；调解不成的，当事人可以依照《中华人民共和国民事诉讼法》向人民法院起诉。

管理专利工作的部门是指由省、自治区、直辖市人民政府以及专利管理工作量大又有实际处理能力的设区的市人民政府设立的管理专利工作的部门。

221. 专利侵权的救济途径分别有什么优缺点？

专利侵权的各种救济途径各有优缺点，专利权人可以根据自己的具体情况选择采用。

（1）双方自行和解有利于迅速、友好地解决纠纷，省时省力，避免讼累，并且可以留下双方继续合作的空间，可由竞争对手变为合作伙伴。缺点是不是任何一个当事人都愿意自行和解，且一方反悔后仍需进行诉讼。

（2）行政机关调解和处理纠纷的优点是程序简便、处理快，有利于及时制止侵权行为。缺点是调解不成或调解后一方不服的，仍需进行诉讼。

（3）通过诉讼方式解决纠纷可以有效地打击竞争对手，而且可以要求对方赔偿损失。此外，人民法院的判决书或调解书具有法律效力，并由国家强制力保证其执行。缺点是程序复杂，耗时耗力。

222. 哪些主体有权提起专利侵权诉讼？

专利法规定，对未经专利权人许可，实施其专利的侵权行为，专利权人或者利害关系人可请求专利管理机关进行处理，也可以直接向人民法院起诉。由此可见，专利权人和利害关系人均可以提起专利侵权诉讼。

专利权人包括已经在专利登记簿上登记的专利权人的继承人和受让人。专利权共有的情形下，还包括专利的共有人。

所谓利害关系人，主要是指专利实施许可合同的被许可人，包括有强制许可的被许可人等。一般认为，独占实施许可合同的被许可人可以单独向人民法院提起侵权诉讼或者单独向管理专利工作的部门请求处理。排他实施许可合同的被许可人只有在专利权人不起诉的情况下，才有权单独起诉。普通实施许可合同的被许可人则不能单独提起侵权诉讼。

223. 专利侵权诉讼的举证责任如何分配？

根据民事诉讼法的规定，当事人对自己提出的主张，有责任提供证据。当事人及其诉讼代理人因客观原因不能自行收集的证据，或者人民法院认为审理案件需要的证据，人民法院应当调查收集。一般专利侵权诉讼由原告方对其诉讼请求负举证责任，即谁主张，谁举证。原告方首先应证明其为被侵权专利的合法权利人，其次要证明被控侵权人实施了侵权行为，再次要证明上述侵权行为所指向的客体落入了原告专利权的保护范围。

但是，涉及新产品制造方法的发明专利侵权实行举证责任倒置。所谓新产品制造方法专利侵权举证责任倒置，是指因新产品制造方法发明专利引起的专利侵权诉讼，由制造同样产品的单位或者个人提供其产品制造方法不同于专利方法的证明，否则即推定为其提供的新产品是使用该专利方法而制造获得的。这是因为，涉及新产品制造方法专利，专利权人无法进入生产现场进行调查因而无法取得被控侵权人生产新产品的方法，故专利法将其举证责任分配给了被控侵权人，毕竟被控侵权人提供生产新产品的方法更经济。

此外，人民法院为确定赔偿数额，在权利人已经尽力举证，而与侵权行为相关的账簿、资料主要由侵权人掌握的情况下，人民法院可以责令侵权人提供与侵权行为相关的账簿、资料；侵权人不提供或者提供虚假的账簿、资料的，人民法院可以参考权利人的主张和提供的证据判定赔偿数额。也就是说，在特定情况下，举证责任有条件地由权利人转移至侵权人，如果侵权人不负担举证责任，人民法院将作出对其不利的判决。

224. 侵犯专利权要承担什么法律责任?

根据专利法规定,侵犯专利权要承担如下法律责任:

(1) 行政责任。对专利侵权行为,管理专利工作的部门有权责令侵权行为人停止侵权行为、责令改正、罚款等,管理专利工作的部门应当事人的请求,还可以就侵犯专利权的赔偿问题进行调解。例如,假冒专利的,除依法承担民事责任外,由负责专利执法的部门责令改正并予公告,没收违法所得,可以处违法所得5倍以下的罚款;没有违法所得或者违法所得在5万元以下的,可以处25万元以下的罚款。

(2) 民事责任。主要包括停止侵权、赔偿损失和消除影响。

① 停止侵权。管理专利工作的部门或者人民法院可以责令专利侵权行为人立即停止正在实施的专利侵权行为。

② 赔偿损失。侵犯专利权的赔偿数额,按照权利人因被侵权所受到的实际损失或者侵权人因侵权所获得的利益确定;权利人的损失或者侵权人获得的利益难以确定的,参照该专利许可使用费的倍数合理确定。对故意侵犯专利权,情节严重的,可以在按照上述方法确定数额的1倍以上5倍以下确定赔偿数额。权利人的损失、侵权人获得的利益和专利许可使用费均难以确定的,人民法院可以根据专利权的类型、侵权行为的性质和情节等因素,确定给予

3万元以上500万元以下的赔偿。需要注意的是,赔偿数额还应当包括权利人为制止侵权行为所支付的合理开支。

③ 消除影响。侵权行为给专利产品在市场上的商誉造成损害时,可以责令侵权行为人承担消除影响的法律责任。

(3) 刑事责任。例如,假冒他人专利,构成犯罪的,依法追究刑事责任。

225. 使用侵犯外观设计专利权的产品为什么不构成侵权?

外观设计专利保护的客体与发明和实用新型保护的客体不同,使用外观设计专利产品,是指该外观设计产品的功能、技术性能得到了应用。外观设计专利产品一旦销售到消费者手中,除非基于生产经营目的,将其作为生产其他产品的部件去使用外观设计的美感,否则消费者只能使用该外观设计产品的功能、技术性能,但功能和技术性能又不是外观设计专利保护的客体。

如果将侵犯外观设计专利权的产品作为零部件,制造另一产品并销售的,应当认定为专利侵权行为,但侵犯外观设计专利权的产品在该另一产品中仅具有技术功能的除外。这也就是说,如果将外观设计专利产品作为零部件,利用其工业上的美感制造另一产品并销售的,法院应认定是侵权的销售行为。但是如果该零部件用的是外观产品的技术功能，则后续的制造和销售行为不构成侵权。

226. 关于专利侵权的诉讼时效是怎样规定的？

根据《专利法》的规定，侵犯专利权的诉讼时效为3年，自专利权人或者利害关系人知道或者应当知道侵权行为以及侵权人之日起计算。发明专利申请公布后至专利权授予前使用该发明未支付适当使用费的，专利权人要求支付使用费的诉讼时效为3年，自专利权人知道或者应当知道他人使用其发明之日起计算，但是，专利权人于专利权授予之日前即已知道或者应当知道的，自专利权授予之日起计算。

《最高人民法院关于审理专利纠纷案件适用法律问题的若干规定》的司法解释中规定："侵犯专利权的诉讼时效为3年，自专利权人或者利害关系人知道或者应当知道权利受到损害以及义务人之日起计算。权利人超过3年起诉的，如果侵权行为在起诉时仍在继续，在该项专利权有效期内，人民法院应当判决被告停止侵权行为，侵权损害赔偿数额应当自权利人向人民法院起诉之日起向前推算3年计算。"也就是说，权利人在3年时效之后提起诉讼，如果该专利权在有效期内，人民法院仍应判决被告停止侵权行为，赔偿要求可从提起诉讼之日起向前推3年计算，即超过3年部分不予支持，3年规定时效之后的仍应判决，以确保专利人的权益和对侵权者的惩罚。

227. 人民法院可以受理哪些专利纠纷？

人民法院受理下列专利纠纷案件：

（1）专利申请权权属纠纷案件。

（2）专利权权属纠纷案件。

（3）专利合同纠纷案件。

（4）侵害专利权纠纷案件。

（5）假冒他人专利纠纷案件。

（6）发明专利临时保护期使用费纠纷案件。

（7）职务发明创造发明人、设计人奖励、报酬纠纷案件。

（8）诉前申请行为保全纠纷案件。

（9）诉前申请财产保全纠纷案件。

（10）因申请行为保全损害责任纠纷案件。

（11）因申请财产保全损害责任纠纷案件。

（12）发明创造发明人、设计人署名权纠纷案件。

（13）确认不侵害专利权纠纷案件。

（14）专利权宣告无效后返还费用纠纷案件。

（15）因恶意提起专利权诉讼损害责任纠纷案件。

（16）标准必要专利使用费纠纷案件。

（17）不服国家知识产权局维持驳回申请复审决定案件。

（18）不服国家知识产权局专利权无效宣告请求决定

案件。

(19) 不服国家知识产权局实施强制许可决定案件。

(20) 不服国家知识产权局实施强制许可使用费裁决案件。

(21) 不服国家知识产权局行政复议决定案件。

(22) 不服国家知识产权局作出的其他行政决定案件。

(23) 不服管理专利工作的部门行政决定案件。

(24) 确认是否落入专利权保护范围纠纷案件。

(25) 其他专利纠纷案件。

228. 对侵犯专利权的案件应该由何地法院管辖？

(1) 因侵犯专利权行为提起的诉讼，由侵权行为地或者被告住所地人民法院管辖。

侵权行为地包括：被诉侵犯发明、实用新型专利权的产品的制造、使用、许诺销售、销售、进口等行为的实施地；专利方法使用行为的实施地，依照该专利方法直接获得的产品的使用、许诺销售、销售、进口等行为的实施地；外观设计专利产品的制造、许诺销售、销售、进口等行为的实施地；假冒他人专利的行为实施地。上述侵权行为的侵权结果发生地。

(2) 原告仅对侵权产品制造者提起诉讼，未起诉销售者，侵权产品制造地与销售地不一致的，制造地人民法院有管辖权；以制造者与销售者为共同被告起诉的，销售地人民法院有管辖权。

销售者是制造者分支机构,原告在销售地起诉侵权产品制造者制造、销售行为的,销售地人民法院有管辖权。

229. 管理专利工作的部门可以处理哪些类型的专利纠纷?

根据《专利法》及其实施细则的规定,管理专利工作的部门可以处理的专利纠纷有如下几种:专利侵权纠纷;专利申请权和专利权归属纠纷;发明人、设计人资格纠纷;职务发明创造的发明人、设计人的奖励和报酬纠纷;在发明专利申请公布后专利权授予前使用发明而未支付适当费用的纠纷;实施专利开放许可纠纷、实施强制许可的使用费纠纷;药品上市许可申请人与有关专利权人或者利害关系人就申请注册的药品相关的专利权纠纷等。

专利管理机关对上述纠纷所作出的处理决定,当事人不服的,可以向专利管理机关所在地的中级人民法院起诉,当该法院对专利案件无管辖权时,当事人可以向专利管理机关所属省、自治区、直辖市人民政府所在地的中级人民法院起诉。双方当事人在规定的期限内没有向人民法院起诉的,专利管理机关的处理决定即发生法律效力。专利管理机关对侵权行为作出的处理决定,当事人期满不起诉,又不履行的,专利管理机关可以请求人民法院强制执行。

230. 管理专利工作的部门对专利纠纷的管辖权是如何划分的?

当事人请求处理专利侵权纠纷或者调解专利纠纷的,由被请求人所在地或者侵权行为地的管理专利工作的部门管辖。

两个以上管理专利工作的部门都有管辖权的专利纠纷,当事人可以向其中一个管理专利工作的部门提出请求;当事人向两个以上有管辖权的管理专利工作的部门提出请求的,由最先受理的管理专利工作的部门管辖。

管理专利工作的部门对管辖权发生争议的,由其共同的上级人民政府管理专利工作的部门指定管辖;无共同上级人民政府管理专利工作的部门的,由国家知识产权局指定管辖。

231. 怎样计算专利侵权行为的损害赔偿数额?

专利法规定,侵犯专利权的赔偿数额按照权利人因被侵权所受到的实际损失、侵权人因侵权所获得的利益、参照该专利许可使用费的倍数或按照法定数额酌定赔偿。那么,上述赔偿数额具体怎样计算呢?

(1) 以专利权人因被侵权所受到的实际损失确定赔偿

数额的，可以根据专利权人的专利产品因侵权所造成销售量减少的总数乘以每件专利产品的合理利润所得之积计算。权利人销售量减少的总数难以确定的，侵权产品在市场上销售的总数乘以每件专利产品的合理利润所得之积可以视为权利人因被侵权所受到的损失。

（2）以侵权人因侵权所获得的利益确定赔偿数额的，可以根据该侵权产品在市场上销售的总数乘以每件侵权产品的合理利润所得之积计算。侵权人因侵权所获得的利益一般按照侵权人的营业利润计算，对于完全以侵权为业的侵权人，可以按照销售利润计算。

（3）专利权人的损失或者侵权人获得的利益难以确定的，有专利许可使用费可以参照的，可以根据专利权的类型、侵权行为的性质和情节、专利许可的性质、范围、时间等因素，参照该专利许可使用费的倍数合理确定赔偿数额，一般为1倍以上3倍以下。

（4）对故意侵犯专利权，情节严重的，可以在按照上述三种方法确定数额的1倍以上5倍以下确定赔偿数额。

（5）被侵权人的损失或者侵权人获得的利益难以确定，且没有专利许可使用费可以参照或者专利许可使用费明显不合理时，可以根据专利权的类型、侵权行为的性质和情节等因素，在人民币3万元以上500万元以下确定赔偿数额。

权利人主张其为制止侵权行为所支付合理开支的，人民法院可以在《专利法》第65条确定的赔偿数额之外另行计算。

232. 专利侵权后是不是一定要承担赔偿责任？

不一定。专利法规定，为生产经营目的使用、许诺销售或者销售不知道是未经专利权人许可而制造并售出的专利侵权产品，能证明该产品合法来源的，不承担赔偿责任。对于侵权产品的使用人和销售商而言，尽管其使用、许诺销售或者销售专利产品的行为客观上构成了侵权行为，但由于其不知道该产品的制造未得到专利权人的许可，且可以证明该产品的合法来源，也就是说侵权人既不存在主观上的故意，也不存在客观上的过失，因此，侵权人对侵权行为仅承担停止侵权的民事责任，而不承担民事赔偿责任。

此外，对于假冒专利的行为，还可以免除罚款的行政责任。专利法规定，销售不知道是假冒专利的产品，并且能够证明该产品合法来源的，由管理专利工作的部门责令停止销售，但免除罚款的处罚。

233. 专利权人怎样应对他人的侵权行为？

专利权人难免遭遇侵权，那么，遇到侵权后怎样应对呢？

（1）前期调查。遇到专利侵权不要打草惊蛇，先进行调查，确定是否构成侵权，并掌握必要的证据。首先要获得对方的产品，分析可能构成侵权的行为是否落入专利权的保护范围之内，以确定是否构成侵权。其次，要分析自己专利的稳定性。特别是没有经过实质审查的实用新型和外观设计专利，即使进行了实质审查的发明专利也难免存在错误授权的因素，因此在确定有侵权事实发生时，专利权人还需要认真分析自己的专利权是否稳定，为此可以请求国家知识产权局出具涉案专利的专利权评价报告。再次，还要看对方的行为是否属于专利法规定的不视为侵权行为的情形，如果属于这种情况，则不构成侵权。最后，要掌握对方侵权的证据。要了解和查明侵权产品的生产来源、销售途径、销售地域和销售数量、销售价格等，特别是弄清楚侵权行为人是谁，即侵权产品的生产制造商、销售供应商及直接销售者或使用者、许诺销售者及进口者。对于侵权行为及侵权行为人的调查取证，可以通过公证方式进行。

（2）侵权警告。如果专利权人确认自己的专利权稳定，在确定侵权行为和侵权行为人，并掌握充分证据之后，通常的做法是在向人民法院起诉或向管理专利工作的部门呈递处理请求之前，先书面警告侵权人，如发送律师函。有一些侵权案件可以在这个阶段协商予以解决。作为专利权人，决定采取行动之前一定要明确自己的目的是为了停止侵权行为还是为了达成专利许可，是为了打击竞争对手还是为了获得侵权赔偿，只有明确了行动的目的，才能有针对性地采取行动。

（3）提起诉讼。如果侵权行为人对专利权人的警告置之不理或者答复理由不能让专利权人信服或满意，专利权人可以请求管理专利工作的部门进行处理或向人民法院起诉。根据法律规定，凡是侵权行为人都可以成为被告，但从诉讼的角度来看，应当选择诉讼便利、举证相对简单、有赔偿能力的侵权行为人作为被告，以便实现诉讼目的。诉讼毕竟是一件耗时耗力的工作，诉讼前有必要围绕行动的目的对诉讼的风险、成本和收益进行评估。

234. 被指控专利侵权时怎么办？

对企业来讲，遇到侵权指控先不要惊慌，先冷静下来进行认真分析。一般需要先进行侵权分析，判断自己的行为是否构成侵权和侵权可能性的大小。同时要通过专利检索来分析对方专利的稳定性（如缺乏创造性或新颖性），收集自己不侵权的证据（如现有技术抗辩等）。经过分析后，如果认为构成侵权的可能性较大，且对方专利权存在瑕疵，则需要在法定期限内向国家知识产权局请求宣告该专利无效，暂时中止诉讼，为自己能够更充分地应诉争取时间。专利无效一旦成功，便使对方丧失了指控侵权的权利基础。当然，经过分析后如果认为确实侵犯了他人专利权，自己又仍想实施该专利技术，且对方专利权稳定有效，上策则是主动与对方进行和解，以支付专利许可使用费等方式达成专利使用许可或技术合作。

235. 处理专利纠纷还有哪些需要注意的事项?

在处理专利纠纷时,需要明确以下几项:

(1)专利纠纷可以调解。专利权是一种私权,对专利权的处分是当事人的私权利,当事人可以就专利纠纷自行协商。管理专利工作的部门或任何第三方也可以应当事人的请求,对包括专利侵权赔偿额在内的专利纠纷进行调解。调解不成或调解后反悔的,当事人可以再起诉。

(2)对管理专利工作的部门的决定不服的,可以起诉。管理专利工作的部门的处理是行政处理,不是最终解决,司法才是纠纷解决的最终方式。因此,当事人对管理专利工作的部门的决定不服的,可以向人民法院提起行政起诉。

(3)关于专利侵权纠纷中的证据问题,要注意涉及方法专利的侵权纠纷实行的是举证责任倒置,即由被告提供其产品制造方法不同于专利方法的证明;涉及实用新型或外观设计专利的,人民法院或者管理专利工作的部门可以要求专利权人就涉案专利出具由国家知识产权局所作的专利权评价报告,以方便对是否侵权作出判断,准确及时地处理纠纷。

236. 什么是专利权评价报告？有什么作用？

专利权评价报告是在 2000 年第二次修改《专利法》之时为评价没有经过实质审查的实用新型专利的稳定性而设立的，原称为实用新型专利检索报告。2008 年第三次《专利法》修改时将之改为实用新型专利权评价报告，并增加了外观设计专利权评价报告。专利权评价报告是国家知识产权局根据专利权人或者利害关系人的请求，在实用新型或者外观设计被授予专利权后，对相关实用新型或外观设计专利进行检索，并就该专利是否符合专利授权条件进行分析和评价，作出专利权评价报告，是一种官方出具的较权威专利质量评价。

专利权评价报告不是行政决定，是一种证据或证明文件。专利侵权纠纷涉及实用新型专利或者外观设计专利的，人民法院或者管理专利工作的部门可以要求专利权人或者利害关系人出具由国家知识产权局对相关实用新型或者外观设计进行检索、分析和评价后作出的专利权评价报告，作为审理、处理专利侵权纠纷的证据。当然，专利权人、利害关系人或者被控侵权人也可以主动出具专利权评价报告。人民法院或者管理专利工作的部门据此可以确定是否需要中止相关程序，一般在上述涉及"程序中止"事务时，需要提交专利权评价报告。

237. 专利申请提出后但未授权前，能否在产品包装上标注申请号并进行宣传？

专利权人有权在其专利产品或者该产品的包装上标明专利标记和专利号，但是，在专利申请提出以后，尚未获得专利授权前，申请人不得将申请号作为专利号标注在其产品或包装上。

对此，我国广告法也有规定。广告中涉及专利产品或者专利方法的，应当标明专利号和专利种类。未取得专利权的，不得在广告中谎称取得专利权。禁止使用未授予专利权的专利申请和已经终止、撤销、无效的专利做广告。上述行为均构成虚假广告，涉嫌欺骗和误导消费者，消费者的合法权益因此受到损害的，由广告主依法承担民事责任，广告经营者、广告发布者明知或者应知广告虚假仍设计、制作、发布的，应当依法承担连带责任。

后　记

　　书稿拖延时日较长，完成的那天，心情一下子轻松了许多。作为先天禀赋不高、后天又不勤学的人，欲在高手如云的学术界舞文弄墨，即便是使出自己的洪荒之力，勉为其难码出几篇称之为成果的文字，也几无悬念无人问津，这一点我有自知之明。与其如此浪费资源，莫不如编写一些通俗读物，在知识产权发展起步较晚的中国普及一下知识产权文化。这是编写此书的初念。及至实际编写过程中，方知要编写一本既科学严谨又通俗易懂的普及性读物实非易事。专利知识除专利法的内容之外，专利代理、专利审查的内容也很多。这些知识不仅实操性强，更新也很快。要给读者准确的知识和信息，需要查阅大量的权威资料，每一项内容都必须要有明确的出处，容不得有半点差池。相比较来说，学术写作则可以在锚定一个问题的基础上，对制度设计大胆批评，对制度建议大胆假设，甚至有点天马行空。也许这一说法不那么恰当，但确实是自己在编写此书过程中与学术研究类文章和著作的写作进行对比得出的真切感受。

希望本书的出版能为专利知识的宣传普及起到一定的作用，作为一名学习、教授知识产权的人也算是为我国知识产权事业的发展尽了一份责任！聊以慰藉！

孙英伟
2021 年 2 月 18 日